अली सरदार जाफ़री

जन्म : 29 नवम्बर, 1913; बलरामपुर, जिला गोंडा, उत्तर प्रदेश।
शिक्षा : पहले घर पर रहकर उर्दू–फ़ारसी और क़ुरआन मजीद की तालीम ली। फिर धार्मिक शिक्षा सुल्तानुल मदरसा, लखनऊ में। बलरामपुर लौटकर अंग्रेज़ी माध्यम से शिक्षा। अलीगढ़ मुस्लिम विश्वविद्यालय में दाख़िला। हड़ताल में हिस्सेदारी के चलते विश्वविद्यालय से निष्कासन। बाद में एंग्लो–अरेबिक कॉलेज, दिल्ली से स्नातक की उपाधि। लखनऊ विश्वविद्यालय से अंग्रेज़ी साहित्य में एम.ए. की अधूरी पढ़ाई।

आठ वृत्तचित्रों, धारावाहिकों का लेखन/निर्देशन। बाईस देशों की यात्राएँ।

रवीन्द्रनाथ ठाकुर, महात्मा गांधी, जवाहरलाल नेहरू, मौलाना आज़ाद, सत्यजित राय, पाब्लो नेरुदा, शोलोखोव, पास्तरनाक, लुई अरागाँ, पुश्चेव और पॉल राब्सन जैसी हस्तियों से मुलाकात–सोहबत।

भारतीय ज्ञानपीठ पुरस्कार समेत 21 पुरस्कारों से सम्मानित।

प्रकाशित रचनाएँ : *परवाज़, ख़ून की कहानी, अम्न का सितारा, एशिया जाग उठा, पत्थर की दीवार, लहू पुकारता है* (कविता); *नई दुनिया को सलाम, यह ख़ून किसका है, पैकार* (नाटक); *मंज़िल* (कहानी); *लखनऊ की पाँच रातें* (संस्मरण); *तरक़्क़ीपसंद अदब, इक़बालशनासी, पैग़म्बराने-सुख़न, ग़ालिब का सूफ़ियाना ख़याल* (आलोचना); *दीवान–ए–मीर, दीवान–ए–गालिब, कबीर बानी (सम्पादन)*।

निधन : 1 अगस्त, 2000 को मुम्बई में।

लखनऊ की पाँच रातें

अली सरदार जाफ़री

अनुवाद
कामना प्रसाद

राजकमल पेपरबैक्स

पहला पुस्तकालय संस्करण
राजकमल प्रकाशन प्राइवेट लिमिटेड द्वारा
1998 में प्रकाशित

राजकमल पेपरबैक्स में
पहला संस्करण : 2004
सातवाँ संस्करण : 2022

राजकमल पेपरबैक्स : उत्कृष्ट साहित्य के जनसुलभ संस्करण

राजकमल प्रकाशन प्रा.लि.
1-बी, नेताजी सुभाष मार्ग, दरियागंज
नई दिल्ली-110 002
द्वारा प्रकाशित

शाखाएँ : अशोक राजपथ, साइंस कॉलेज के सामने, पटना-800 006
पहली मंजिल, दरबारी बिल्डिंग, महात्मा गांधी मार्ग, प्रयागराज-211 001
36-ए, शेक्सपियर सरणी, कोलकाता-700 017

वेबसाइट : www.rajkamalprakashan.com
ई-मेल : info@rajkamalprakashan.com

बी.के. ऑफसेट
नवीन शाहदरा, दिल्ली-110 032
द्वारा मुद्रित

मूल्य : ₹199

LUCKNOW KI PANCH RATEN
Reminiscences by Ali Sardar Zafari

ISBN : 978-81-267-0862-8

क्रम

क़ुबूले बंदगीयम रा ख़ुदाये बर नमी ख़ेज़त 7

पहली रात 25

दूसरी रात 30

तीसरी रात 35

चौथी रात 42

पाँचवीं रात 50

चेहरू माँझी 59

ख़ाले-महबूब और अमने-आलम 78

गलीना 81

ज़ौक़े-तामीर 91

गर्दिशे-पैमान-ए-रंग 108

क़ुबूले बंदगीयम रा ख़ुदाये बर नमी खेज़त[1]

मुझे इनसानी हाथ बड़े ख़ूबसूरत मालूम होते हैं। उनकी जुम्बिश में तरन्नुम है और ख़ामोशी में शायरी। उनकी उँगलियों से तख़लीक़ की गंगा बहती है। ये वो फ़रिश्ते हैं जो दिल व दिमाग़ के अर्शे-बरीं से वही-ओ-इलहाम लेकर काग़ज़ की हक़ीर सतह पर नाज़िल होते हैं और उस पर अपने लाफ़ानी नुकूश छोड़ जाते हैं। उन काग़ज़ों को दुनिया नज़्म और अफ़साना, मक़ाला और किताब कहकर आँखों से लगाती है और उनसे रूहानी तसकीन हासिल करती है।

इनसान के तसलसुल में हयातयाती अमल कारफ़रमा है जो बाप से बेटे की शक्ल इख़्तियार करता है। लेकिन इनसानियत का तसलसुल हाथों की तख़लीक़ का रहीने-मिन्नत है। ये तख़लीक़ बज़ाहिर बेजान होती है, लेकिन जानदारों से ज़्यादा जानदार होती है। हाथों के बग़ैर न जंग मुमकिन है न अम्न, मुहब्बत मुमकिन है न नफ़रत, यही हाथ गले में हिमाइल होते हैं और यही एक दूसरे को छोड़कर दिल की धड़कनें तेज़ कर देते हैं। साज़ में सोए हुए नग़्मे इन हाथों से ही पैदा होते हैं, हमआग़ोशी के लिए पहले यही आगे बढ़ते हैं, और रुख़सत के वक़्त यही सबके बाद पीछे हटते हैं। ये विसालो-फ़िराक़ की हसीन अलामतें हैं। जिस तरह ज़ेहन अपने आपको ख़याल में तब्दील करके उसको अपने वजूद से अलग कर देता है और वह ख़याल ज़ेहने-इनसानी से भी ज़्यादा ताक़तवर हो जाता है, उसी तरह हाथ अपने आपको क़लम और तलवार, मशीन और औज़ार में तब्दील करके उन्हें अपने वजूद से अलग कर देते हैं और वो चीज़ें हाथों से भी ज़्यादा ताक़तवर और ख़ल्लाक़ बन जाती हैं। यही वजह है कि मैंने हमेशा क़लम को हाथों का तक़द्दुस, ज़ेहन की अज़्मत और क़ल्बे-इनसानी की वुसअत समझा है और क़लम के बनाए हुए नक़्श को सजदा किया है। इसलिए जब क़लम झूठ बोलता है, या चोरी करता है तो मुझे महसूस होता है जैसे मेरे हाथ गंदे हो गए हैं। मैं हर अदीब से ये तवक़्क़ो करता हूँ कि वह अपने क़लम का एहतराम करेगा क्योंकि उसके नफ़्स की इज़्ज़त और शराफ़त इसी तरह बरक़रार रह सकती है।

---

1. मेरी बंदगी क़ुबूल करने के लिए कोई ख़ुदा नहीं उठता।

मैं अपने बचपन में एक तख़्ती लिखा करता था, जिस पर हज़ारों बार नहीं तो सैकड़ों बार इस शेर की मश्क़ की है :

क़लम गोयद कि मन शाहेजहानम
क़लम कश रा बदौलत मी रसानम

मुमकिन है किसी के लिए ये दौलत, चाँदी, सोना हो, क्योंकि दुनिया में ज़मीरफ़रोशों की तरह क़लमफ़रोशों की भी कमी कभी नहीं रही है। लेकिन मेरे लिए ये इल्म, हुनर, ख़ुलूस और सदाक़त की दौलत है, और—क़लम के एहतराम के मानी उस दौलत का एहतराम है, और एहतराम का जज़्बा ही बार-बार मेरे क़लम को रोक रहा है।

क्या मेरा क़लम सदाक़त को पेश कर सकेगा? सदाक़त कोई सपाट हक़ीक़त नहीं है, ये एक ऐसा हीरा है जो बराबर तराशा जा रहा है, और ज़िंदगी और अमल की जिला इसमें नया नूर और नया रंग पैदा कर रही है। इसके ये मानी नहीं कि सदाक़त बदल जाती है, दरअस्ल इसमें इज़ाफ़ा होता रहता है। अच्छे शेर और आला फ़न की तरह सदाक़त तहदार होती है। इसलिए कभी कोई तनहा इनसान, कोई तनहा क़ौम, कोई तनहा नस्ल इसका अहाता नहीं कर सकी है, और न कोई तनहा नज़रिया इस पर हावी हो सका है। नातमामी इसकी ख़ुसूसियत रही है, और इस नातमामी में बला का हुस्न है।

इससे भी ज़्यादा मुश्किल उस सदाक़त का पेश करना है जिसका तअल्लुक़ अपनी ज़ात से हो। इनसान अपने दिल से जितने झूठ बोलता है उतने झूठ दुनिया के सामने नहीं बोलता और अपने झूठ को सच की झलक देने के लिए वो कभी जादूगरी से काम लेता है, और कभी फ़रेबकारी से। दुनिया से झूठ बोलने के लिए पहले अपने दिल से झूठ बोलना ज़रूरी है, इसलिए इस सवाल का जवाब देते हुए और भी डरता हूँ कि मुझे अपनी ज़िंदगी में किन शख़्सियात और वाक़ेआत ने मुतास्सिर किया है।

वक़्त के साथ बीती हुई यादों के नक़्श बदल जाते हैं। एक नक़्श दूसरे नक़्श में मिल जाता है और तस्वीरें मस्ख़ हो जाती हैं। ताबीरों के तपते हुए मैदान से ख़्वाबों की ठंडी और सुकूनबख़्श छाँव दिखाई नहीं देती और हम अक्सर नए ख़्वाब तख़लीक़ करके उन्हें पुराने ख़्वाबों का नाम दे देते हैं। उम्र के चवालीस सालों में हज़ारों दिनों और हज़ारों रातों की शिकनें पड़ी हैं और हर शिकन में लाखों लम्हे सो रहे हैं। उनको जगाने की हिम्मत किसमें है। क़हक़हों के मुरझाए हुए फूल, आँसुओं के जमे हुए मोती, अबरूओं की टूटी हुई कमानें, रुख़्सारों की बुझी हुई शमएँ, किताबों के फटे हुए वरक़, इल्म, शऊर, रश्क, हसद, मुहब्बत, नफ़रत, हिमाक़त, रऊनत सब एक दूसरे के गले में बाँहें डाले हुए हैं। आज ये बताना मुश्किल है कि किसने क्या सिखाया है, किसने क्या असर डाला है। शऊरी असरात और ग़ैर-शऊरी असरात के दर्मियान

लकीर खींचना मुश्किल है।

मेरी यादों में एक खंडर उभर रहा है।

खंडर कभी किसी खोई हुई अज़्मत का पता देते हैं और कभी किसी अज़्मत के बग़ैर भी इनहितात की दास्तान सुनाते हैं। हर खंडर के लिए क़दीम होना ज़रूरी नहीं है, ऐसे खंडर भी मिलते हैं जिनकी हर ईंट सलामत होती है, हर दरवाज़ा खुलता है, और दीवार खड़ी होती है। फिर भी इमारत को देखकर उस पर खंडर का गुमान गुज़रता है। दीवारों पर बग़ैर हुरूफ़ की एक कहानी लिखी हुई है। दरवाज़े बग़ैर हुरूफ़ जुबान का एक अफ़साना सुना रहे हैं और इर्द गिर्द की हवाओं से बोसीदगी की बारिश हो रही है। मैं जिस खंडर का ज़िक्र कर रहा हूँ, वो ऐसा ही है, उसको देखते ही दिल में वीरानगी का एहसास पैदा हो जाता है।

बंबई से हज़ार डेढ़ हज़ार मील दूर शिमला में हिमालिया की तराई का दामन जहाँ से पहाड़ की बर्फ़पोश चोटियाँ दिखाई देती हैं। पंद्रह-बीस हज़ार की आबादी का एक छोटा-सा क़स्बा बलरामपुर। एक तअल्लुक़ेदारी की राजधानी। इस क़स्बे की एक पतली सी गर्द-आलूद सड़क के किनारे एक अस्तबल जिसमें घोड़ों के लिए छः थान हैं, साईसों के लिए दो कोठरियाँ, और मोटरों और गाड़ियों के लिए तीन गैराज। मेरे बचपन में हर थान पर घोड़े थे, हर कोठरी में साईस, और हर गैराज में मोटर या बग्घी। अब एक गैराज में एक पुराना ताँगा है और दूसरे में एक बोसीदा टमटम और दो थानों पर दो मरियल से घोड़े जिन्हें देखकर उनके मालिकों के बारे में सही राय क़ायम की जा सकती है। अस्तबल के बाक़ी हिस्से में लेंडी कुत्ते रहते हैं, मुहल्ले की कुतियाँ बच्चे जनती हैं और क़स्बे भर के जानवर गर्मी, बरसात और जाड़ों की सऊबतों से बचने के लिए आकर पनाह लेते हैं।

अस्तबल के बराबर हाथी का खुला हुआ थान है, जहाँ रामप्यारी हथिनी गन्ने खाया करती थी। जब वो मरी है तो उसकी लाश कुल्हाड़ियों से काटी गई थी, और गोश्त और हड्डियाँ टुकड़े-टुकड़े करके उठाई गई थीं। पुराने समाजों का जनाज़ा भी इसी शान से निकलता है।

और थान के सामने जो तलपट के हरे पत्तों और नीले फूलों से ढका हुआ तालाब है, उसका पानी कभी बड़ा साफ़-शफ़्फ़ाफ़ था, और अपनी बड़ी-बड़ी रोहू मछलियों के लिए मशहूर था, उसके किनारे अमरूदों का एक बाग़ था, और एक कुबड़ी पीठ का बूढ़ा और उसकी बेवा बेटी अमरूद बेचा करती थी। पकने से पहले गद्दर अमरूद बिक जाते थे। अब बाग़ उजड़ चुका है, और हाथी का थान घूरे के नीचे दब गया है और अक्सर सब्ज़ी-मायल नीले काँटेदार पौधों के ज़र्द-ज़र्द फूलों में दो-चार गधे खड़े नज़र आते हैं।

थान के पास लगा हुआ बरगद का बूढ़ा दरख़्त अब भी फलता है और चिड़ियाँ उसके सुर्ख़ रंग के फलों को कुतर-कुतर ज़मीन पर फेंकती रहती हैं और उसकी

टहनियों पर लाल चोंच के तोते टाएँ-टाएँ करते रहते हैं। परियाँ बरगद के फूल अब भी चुरा ले जाती हैं लेकिन अब इस बात में कोई रूमानी कैफ़ियत बाक़ी नहीं है। इस ख़याल में कोई हैरत का लुत्फ़ नहीं है। मैं अपने बचपन में जब कभी उन परियों का तसव्वुर करता था तो मेरी बड़ी आपा और माँ के चेहरे मुस्कुराने लगते थे और मैं इस बात का कोई जवाब सोच नहीं पाता था कि वो बरगद के फूल क्यों चुरा ले जाती हैं। मेरी माँ और बड़ी आपा अब मनों ख़ाक के नीचे सो रही हैं और बरगद के पेड़ की मोटी-मोटी, लम्बी-लम्बी जटाएँ ज़मीन में अपने लिए जड़ें तलाश करने शाखों से नीचे उतर आई हैं। बचपन की परियाँ खो गईं और जिन शाखों से फूलों का तसव्वुर वाबस्ता था वो हैबतनाक हो गई है।

सड़क की दूसरी तरफ़ सुर्ख़ ईंटों की क़द्दे-आदम दीवार का एक चौकोर अहाता है। इसके दोनों कोनों पर लोहे के फाटक लगे हुए हैं, जिनको कभी सुर्ख़ बजरी की गहराई हुई रविश ने एक-दूसरे से जोड़ रखा था। अब चूलों में इतना ज़ंग लग चुका है कि फाटकों का बंद करना मुश्किल है। अहाते के अंदर एक टेनिस कोर्ट था, और उसके चारों तरफ़ हरी-हरी दूब बिछी हुई थी। इश्क़ पेचाँ की बेलें बारीक तारों पर फैली हुई थीं, गुलाब, बेले, और चम्पा के पौधे लगे हुए थे और मेहँदी की बाढ़ खड़ी थी, जो बजरी की लाल रविश के किनारे-किनारे दौड़ती थी, दो कोनों पर गुलमुहर के दो पेड़ थे जो अपने फूलों से लदकर भभूका हो जाते थे, इन सबकी हिफ़ाज़त के लिए दो माली थे जो ज़रा सी कोताही पर पीट दिए जाते थे। अगर गलती से इस बाग़ में कोई गाय, बैल घुस आए तो उसे पकड़कर म्युनिसपल्टी के 'काँजी हौज़' में बंद कर दिया जाता था और मालियों पर इतनी गालियाँ पड़ती थीं कि ख़ुदा की पनाह। मैंने अपने बचपन में इस बाग़ से बेशुमार तितलियाँ पकड़ी हैं और गुलमुहर की हरी-हरी कलियाँ से फ़ालें निकाली हैं।

अब मेहँदी की बाढ़, गुलाब, बेले और चम्पा के पौधे, इश्क़ पेचाँ के सुर्ख़ फूलों से भरी हुई सब्ज़ बेलें और हरी-हरी दूब सब सूख चुकी है, बाग़ एक मैदान में तब्दील हो चुका है। और अब साँड वहाँ आपस में लड़ते हैं और गधे रेंगते हैं और खजीले कुत्ते अपनी पिछली टाँगों में अपनी दुम दबाए हुए टहलते रहते हैं। गुलमुहर के पेड़ अब भी हैं लेकिन वह बूढ़े हो चुके हैं और उनमें फल नहीं आते, कभी-कभी कोई भूली-भटकी कली झाँकती है, वर्ना बस शाख़ों के सूखे हुए हाथ हवा में फैले हुए हैं—भूखे भिखारियों के हाथों की तरह जिन्हें कोई भीख नहीं देता। ये ख़ुश्क हाथ ठंडी और गर्म हवाओं से ख़ुश्क और तर मौसमों से अपनी पत्तियों और फूलों की भीख माँगते थक जाएँगे और फिर एक-एक करके गिरते जाएँगे—इन्होंने शिकस्त खा जाने के बाद भी अब तक शिकस्त का एतराफ़ नहीं किया ··· इन्हें ये ख़बर नहीं कि जब जड़ें सूख जाती हैं तो शाख़ों में बर्गो-बार नहीं आते, मौसमे-बहार भी इनके लिए बहार का पैग़ाम नहीं लाएगा। यही ज़िद समाजी निज़ामों में तशद्दुद

की परवरिश करती है।

अहाते के अंदर बजरी की लाल रविश के मोड़ पर एक और बड़ा फाटक है। इसकी मेहराब इतनी बुलंद है कि इसके नीचे से हाथी गुज़र सकता है, उसके अंदर ईंटों का बना हुआ एक बड़ा सेहन है और बीच में एक चबूतरे पर इस क़स्बे का सबसे ऊँचा नीम का दरख़्त खड़ा हुआ है, उसकी उम्र कोई सौ बरस के क़रीब होगी। उसका साया अब भी ठंडा और सेहतबख़्श है, लेकिन फुनगियों पर चीलों और कौवों ने घोसले बना लिए हैं और उनकी बीट नीम के नीचे किसी को नहीं बैठने देती, पकी हुई ख़ुशबूदार निबोलियाँ साल में एक बार टपकती हैं। नीम की हरी पत्तियाँ सुनहरी होकर साल में एक बार हवाओं में अपना सोना बिखेरती हैं लेकिन चीलों और कौवों की बीट बारह महीने टपकती रहती है।

इसके चारों तरफ़ कई मकानात हैं, हर मकान में एक घराना आबाद था, उन्हीं में एक मेरा घर भी था, बड़े से सेहन, वसी दालान और कोठे की दो खुली हुई छतों का घर। उसकी पूरब की दीवार की तरफ़ से एक मंदिर का ख़ूबसूरत कलस और शीशम का एक बुलंद क़ामत दरख़्त अंदर झाँकता था, और पेड़ के पीछे से सुबह का सूरज और चौदहवीं का चाँद निकलता था, गर्मियों की रातों में जब पलंग बिछ जाते थे तो यह आँगन छोटा मालूम होता था, और जाड़ों की रातों में इतना लंबा कि मैं अक्सर दौड़कर इस आँगन से गुज़रा करता था। इसी आँगन में मैंने पहली बार अपनी रगों में जवानी का ख़ून महसूस किया। गर्मी की एक तपती हुई दोपहर में दीवार के साए के नीचे एक चारपाई उसका पसीने से भीगा हुआ चेहरा कुंदन की तरह दमक रहा था। वह ग़ाफ़िल सो रही थी, और मुझे ऐसा महसूस हुआ कि मैंने उससे ज़्यादा हसीन चीज़ नहीं देखी है। वह चेहरा आज नज़रों से ओझल होकर और ज़्यादा ख़ूबसूरत हो गया है। इस सारे साज़ो-सामान में जिसका मैंने ऊपर ज़िक्र किया है, हमारे छोटे से घर के सिवा अपना और कुछ नहीं था। हर चीज़ रियासत की थी जो मेरे वालिद और चचा को मुलाज़िमत के सिलसिले में इस्तेमाल के लिए मिली थी। मेरे चचा बड़े ओहदे पर थे और वालिद छोटे ओहदे पर, लेकिन रोब पूरे ख़ानदान का था। चचा सैयद साहब कहलाते थे, और वालिद बड़े भैया के नाम से मशहूर थे, मेरी माँ को सारा क़स्बा बड़ी बहू कहता था।

ख़ानदान में बड़ा इत्मीनान था। बलरामपुर से बाहर की दुनिया हमारे लिए कोई मायने नहीं रखती थी। यहीं बच्चे पैदा होते थे, जवान होते थे, बलरामपुर के स्कूल के बाद अलीगढ़ में तालीम हासिल करते थे और फिर शादी हो जाती थी और रियासत में मुलाज़मत मिल जाती थी।

ख़ानदान की छोटी-छोटी लड़ाइयाँ कभी-कभी होती थीं, वरना दिन हँसी-ख़ुशी गुज़र जाता था और रात को सब बहन-भाई बिस्तरों पर लेट जाते थे, कोई एक बहन शर्लक होम्ज़ की कहानियाँ, राशिदुल-ख़ैरी के नावेल या अज़ीम बेग चुग़ताई

की कोई किताब पढ़कर सुनाती, उससे थक जाने के बाद जिन्नातों के क़िस्से शुरू होते जो इंतहाई दिलचस्प होने के बाद भी दिल में दहशत पैदा कर देते। मेरी एक फूफी को इसरार था कि घर में जो काला कुत्ता आता है, वो जिन है और उसे उन्होंने बिल्ली और गधे में तब्दील होते देखा है।

यह बड़ा ईमानदार, मज़हब का पाबंद और परहेज़गार ख़ानदान था, इसीलिए मुझे छोटी उम्र में सुल्तानुल-मदारिस लखनऊ में दाख़िल कर दिया गया कि मौलवी बन जाऊँगा, तो ख़ानदान की आक़बत सुधर जाएगी, लेकिन तबीअत की आज़ाद-रवी ने इस सआदत से महरूम कर दिया और मैं लखनऊ से तीन बार भागा। मेरे वालिद और चचा ने कभी रिश्वत नहीं ली, और दौलतमंदी की शोहरत के बावजूद सब्रो-क़नाअत के साथ ज़िंदगी गुज़ार दी, मेरी माँ के सारे ज़ेवर बिक गए, लेकिन किसी को कानों कान यह ख़बर न हुई कि घर में इफ़लास है। वो बड़े ख़ुलूस से मुलाज़मत करते थे और हर मौक़े पर नमकहलाल होने का सुबूत देते थे। आमतौर से काली टोपियाँ पहनते थे, जो न जाने क्यों ईरानी टोपियाँ कहलाती थीं, लेकिन दशहरे के मौक़े पर जो रियासत में बड़ी धूम से मनाया जाता था, रंगीन साफ़े बाँधकर जुलूस के हाथियों पर बैठते थे, और महाराज और महारानी को नज़्र देने जाते थे। ईद, बक़रीद, 13 रजब और ईद-ए-ग़दीर बड़ी शान से मनाते थे और दीवाली पर रियासत के फ़राहम किए हुए दियों से दरो-दीवार पर चराग़ाँ करते थे। रियासत के काम के अलावा हमारे ख़ानदान को अख़राजात के लिए जो गाँव ठेके पर मिले थे उनका इंतज़ाम करते थे और साल भर नमाज़ें पढ़ते थे, रोज़े रखते थे। शाबान के महीने में बारहवें इमाम का यौमे-विलादत मनाते और अरीज़े डालने जाते थे, और मुहर्रम बड़े जोशो-ख़रोश से मनाते थे। अपने इंतक़ाल से कुछ पहले जब मेरे वालिद बिस्तर से उठने के क़ाबिल नहीं थे, तो उनकी चारपाई मुहर्रम की मजलिसों के लिए अज़ाख़ाने में लाकर रख दी जाती थी और वह लेटे-लेटे मजलिस सुनते थे।

चाँद रात को औरतें चूड़ियाँ तोड़ देती थीं और ज़ेवर उतारकर रख देती थीं, और सब लोग काले कपड़े पहन लेते थे और बाहर कोठी के सबसे बड़े कमरे में ज़रीह रखी जाती थी और अलम खड़े किए जाते थे, छतों में झाड़-फ़ानूस लगाए जाते थे, चाँदी और सोने के अलम के पंजे और सुनहरी काम के सब्ज़, ज़र्द, सुर्ख़, और सिंदूरी टपके मुझे बहुत अच्छे लगते थे। मुहर्रम की सातवीं तारीख़ को मेहँदी उठती थी और मुझे अली बंद पहनाया जाता था, आठवीं को हज़रत अब्बास का अलम निकलता था और शबे-आशूर अज़ाख़ाना सजा दिया जाता था और फ़ानूस जगमगा उठते थे। क़स्बे और गिर्दो-नवाह के गाँव के लोग ज़ियारत करने के लिए टूट पड़ते थे, औरतें टोलियाँ बनाकर दिहाती मर्सिए गाती हुई आती थीं और हज़रत सुग़रा के क़ासिद के नाम पर जवान लड़के पैक बनकर आते थे। उनकी कमर में एक पटके के साथ एक घंटा बँधा होता था, सर पर पगड़ियों में मोर के पर लगे

होते थे और हाथों में मोरछल रहते थे। पैकों की टोलियाँ अपने घंटे बजाती हुई आतीं और अज़ाख़ाने में मरसिए गा-गाकर नाचती थीं, इनके क़दम "हामि-अल्लाह" के बोल पर उठते थे। दस दिन मुसलसल मजलिसें होती थीं और पढ़ने के लिए लखनऊ से ज़ाकिर आते थे। अशरे के दिन सारे क़स्बे की फ़ाक़ा-कुशाई हमारे घर होती थी।

साल के और महीनों में भी मजलिसें और महफ़िलें होती थीं, जिनकी बदौलत मैंने इस अह्द के तमाम बड़े जाक़िरों को सुना है, और तमाम बड़े उलमा और मुज्तहिदीन के हाथों को बोसे दिए हैं। मौलाना सिब्ते-हसन की ख़िताबत बेपनाह थी, फ़साहत और बिलागत का दरिया मौजें मारता था और इशारों और किनायों का तीखापन तड़पा देता था, दूल्हा साहब को मैंने इस आलम में देखा कि वो मेंबर के नीचे तकरीबन दोहरे होकर बैठते थे, दो-आदमियों ने सहारा देकर मेंबर पर बिठा दिया, मर्सिया उन्होंने हाथ में लिया, एक बार सँभले और पढ़ना शुरू किया तो दूसरी ही चीज़ हो गए।

नाम मर्दों का रक़म बाढ़ पे तलवार की है

इसके अलावा अनीस के मर्सियों का चर्चा भी था। ये कहना मुबालग़ा न होगा कि कलमा और तकबीर के बाद शायद मेरे कानों ने पहली आवाज़ अनीस की सुनी है, मैं शायद पाँच-छः बरस की उम्र से मेंबर पर बैठकर सलाम और मर्सिये पढ़ने लगा था। सलाम और मर्सिये के अलावा वैसे भी मुझे बेशुमार अशआर याद थे।

शायद उसी का असर था कि मैंने पंद्रह-सोलह बरस की उम्र में खुद मर्सिये कहना शुरू कर दिए थे, और मर्सियों का असर आज भी मेरी शायरी पर बाक़ी है। इनकी ज़ुबान, तश्बीह, इस्तआरे, तरतीब, हर चीज़ अनीस की थी, मेरा अपना कुछ नहीं था। मैं साठ-साठ सत्तर-सत्तर बंद लिख जाता था लेकिन मर्सिया ख़त्म नहीं कर पाता था, वैसे मजलिस में पढ़ने के लिए ये बंद काफ़ी थे। जब मैंने पहला मर्सिया कहा—

आता है कौन शमाए-इमामत लिए हुए
अपनी जिलो में फ़ौजे-सदाक़त लिए हुए
....
....
अल्लाह रे हुस्न फ़ातमा के माहताब का
ज़र्रों में छुपता फिरता है नूर आफ़ताब का

और उसे मेंबर पर बैठकर पढ़ा तो वालिद और चचा ने बहुत गले लगाया और माँ ने सर पर हाथ रखकर दुआएँ दीं। मेरे चचा बार-बार मर्सिये के आख़िरी दो मिसरों को पढ़ते थे और रोते थे।

अकबर को अपने पहलुए-ग़म में सुलाऊँगी
असगर को अपनी गोद में झूला झुलाऊँगी

इस कामयाबी से हिम्मत बहुत बढ़ी और मैंने पंद्रह-बीस दिन में एक मर्सिया और कह लिया। वो इस तरह शुरू होता था—

आता है इब्ने-फ़ातेहे-ख़ैबर जलाल में
हलचल है शर्क़ो-ग़र्बो-जुनूबो-शिमाल में
इक तहलका है वादी व दश्त व जबाल में
भागा है आफ़ताब भी बुर्जे-ज़वाल में
करवट बदल रही है ज़मीं दर्दो-कर्ब से
हिलता है दश्त घोड़े की टापों की ज़र्ब से

मुझे अब तक याद है कि आख़िरी मिसरे के काफ़िये की बहुत दाद मिली, लेकिन कुछ लोगों को ये भी कहते सुना कि मैं किसी से लिखाकर पढ़ देता हूँ। ये बात मुझे इतनी नागवार गुज़री कि मैंने नया मर्सिया इन मिसरों से शुरू किया—

ऐ बुलबुले-रयाज़े-जवाँ नग़्माबार हो
ए नौउरूसे-तबए जवाँ हम किनार हो
ऐ खामए-शगुफ़्ता जबाँ-लालाकार हो,
ऐ हासिदे-दरीदा वहाँ शर्मसार हो
क्या इसमें मुझसे हेच मदाँ का क़सूर है
ये तो अताए-रहमते-रब्बे-गफ़ूर है—

इसमें मैंने यह भी लिखा था—

इक खोशाचीन हूँ, बाग़े-जनाबे-अनीस का

फिर एक और मर्सिया कहा जिसके सिर्फ़ दो मिसरे याद रह गए हैं—

अर्श तक ओस के क़तरों की चमक जाने लगी
चली ठंडी जो हवा तारों को नींद आने लगी

ये मर्सिये अब तक बलरामपुर में महफ़ूज़ हैं और मुहर्रम की मजलिसों में पढ़े जाते हैं।

कर्बला के काफ़िले में इमाम हुसैन के बाद सबसे ज़्यादा अक़ीदत हज़रत अब्बास और हज़रत ज़ैनब से थी और अनीस के मर्सियों में इस अक़ीदत पर जिला कर दी थी।

मेरे वालिद के पास मज़हबी किताबों का अच्छा जख़ीरा था, क़ुरआन बचपन

में बिहार के एक मौलवी साहब से पढ़ा था, वो दिन में बेदों से मारते थे और रात में पैग़म्बरों की कहानियाँ सुनाया करते थे। वालिद की किताबों से मैंने तमाम पैग़म्बरों और चौदह मासूमीन के हालात पढ़ लिए थे और चूँकि इस उम्र में मर्सियाख़्वानी के अलावा हदीसख़्वानी भी करने लगा था इसलिए वो हालात और क़ुरआन की बहुत-सी आयतें ज़ुबानी याद थीं और उन सबका मजमूई असर मुझ पर ये था कि हक और सदाकत के लिए जान की बाज़ी लगा देना इनसानियत की सबसे बड़ी दलील है। मैंने हक़ और सदाक़त को हमेशा ज़मीन की चीज़ समझा। नमरूद व खलील की दास्तान से लेकर शहादते-हुसैन तक के वाक़आत ने मेरे ख़ून में हरारत पैदा कर दी थी और मैं इक़बाल के ये अशआर लहक-लहककर पढ़ा करता था।

ऑ इमाम आशिकाँ पोर तबूल
सर व आज़ादे ज़बिस्ताने - रसूले
अल्लाह अल्लाह हाय बिसमिल्लाह पिदर
मानी ज़िबहे - अज़ीम आमद पसर
दुश्मनान चूने रेगे - सेहरुल - अतद
दीस्ताँ बालफ़्ज़े - यजदान हमअदद
रम्ज़े - क़ुरआन अज हुसैन आमोढ़तीम
ज़ आतिश ओ शोला - हा अंदोख़्तीम
ईं दो क़ुव्वत अज़ हयात आमद पदीद
मूसा-ओ - फ़िरऔनो - शब्बीरो - यज़ीद
शौकते शाम व फ़र बग़दाद रफ़्त
सतवते-ग़र नाता हम अज़ याद रफ़्त
तारे-मा अज़ ज़ख़्म-ए अश लरजाँ हनोज़
ताज़ा अज़ तकबीर वा ईमाँ हनोज़

इस ज़माने में चंद सवालात ने मुझे बेचैन किया और चंद सवालात ने मेरी ज़िंदगी में बहुत बड़ा इंक़लाब पैदा कर दिया। मुझे इस सवाल ने बेचैन रखा कि ये दुनिया ऐसी क्यों है और इसकी इब्तदा मेरे बचपन में ही हो गई थी।

मैंने एशियाई इफ़लास के बदतरीन नमूने देखे हैं। रियासत के गाँव में पहले और अपने घर में बाद को मुझे शिकार और घोड़े की सवारी का बेइंतहाई शौक़ था और मैं बंदूक लिए गाँव-गाँव, जंगल-जंगल मारा फिरता था और रियासत की तहसीलों और जेलदारियों में ठहरता था। इस तरह मैं अवध के देहात की ज़िंदगी से आशना हुआ। ये ख़ूबसूरत गीतों, धान और गेहूँ के खेतों और इंतहाई इफ़लास की सरज़मीन है। इसमें इतनी पगडंडियाँ नहीं होंगी जितने ख़ून के धार इसके जिस्म में जज़्ब हो चुके हैं। मेरी याद में इसकी इंतहाई भयानक तस्वीरें महफ़ूज़ हैं। गर्मियों

की चिलचिलाती हुई धूप में झुके किसान जिनकी पीठों पर ईंटें लदी हुई हैं, उनके जूते मारे जा रहे हैं और वो दुहाइयाँ दे रहे हैं। पेड़ की शाख़ों में बालों से लटकी हुई औरतें, पतली-पतली सूखी हुई टाँगें और बाहर निकले हुए पेटों के बच्चे, बड़ी-बड़ी स्याह मगर बुझी हुई आँखें। एक बार मेरे सामने एक किसान औरत नंगी कर दी गई। ये और इस क़िस्म की बेशुमार तस्वीरें हैं जो अगर कोई मुसव्विर पर्दे पर बना दे तो दुनिया चीख़ उठे। इन देहातों में जाकर मुझे पहली बार ये मालूम हुआ कि लाखों आदमी चौबीस घंटे में सिर्फ़ एक बार खाना खाते हैं।

अवध की दूसरी ताल्लुक़दारियों की तरह बलरामपुर में भी हरवाही का रिवाज था।

खुद हमारे गाँव में हरवाहे और हरवाहियाँ थीं, उनके पास अपनी ज़मीन और अपना घर नहीं होता था। ये ज़मींदारों और ठेकेदारों के खेतों पर काम करते थे और फ़सल कटने के बाद मोटे अनाज की शक्ल में इनको मज़दूरी दी जाती थी, जिससे उनका पेट नहीं भरता था। और ये क़र्ज़ लेने पर मजबूर होते थे, जिसे न वे ख़ुद ज़िंदगी भर अदा कर सकते थे न उनकी आने वाली नस्लें। इसलिए इन नस्लों की नस्लें ज़मीदारों और ठेकेदारों के खेतों के साथ बँधी होती थीं, वो एक तरह के नीम-ग़ुलाम थे, और उनकी जान, माल और इज्जत व आबरू पर ज़मींदार का पूरा-पूरा हक़ था। उनसे ज़्यादा तबाह-हाल मख़लूक मैंने कभी नहीं देखी है। ये मुझे बहुत बाद में मालूम हुआ कि इस हरवाही के अज़ाब से बचने के लिए ये लोग बंबई और कलकत्ता के शहरों की तरफ़ भागते हैं। क्योंकि अवध के किसी ज़िले या गाँव में इनके लिए पनाह लेना नामुमकिन था। कदीम अहद के ग़ुलामों की तरह ये अपने मालिक की मिल्कियत थे और दूसरा मालिक इन्हें ज़बरदस्ती पकड़कर वापस कर देता था।

एक बार एक हरवाही हमारे घर में अनाज साफ़ करने आई थी, वो चावल साफ़ करती जाती थी और एक मुट्ठी कच्चे चावल अपने मुँह में डाल लेती थी। यक़ायक मेरे बहनोई की नज़र पड़ गई, उन्होंने डाँटकर पूछा कि मुँह में क्या है। हरवाही घबराकर जल्दी-जल्दी कच्चे चावल चबाने लगी, मेरे बहनोई ने लपककर उसके मुँह पर एक घूँसा मारा, हरवाही ने ख़ून की एक कुल्ली के साथ चावल थूक दिए। वो ग़रीब कई दिन की भूखी थी।

इफ़लास कुछ मुज़हकाख़ेज़ तस्वीरें भी बनाता है, लेकिन वो हक़ीक़त बड़ी दर्दनाक होती है। मुझे अपने स्कूल मास्टरों की याद इसी तरह आती है। उनमें एक मुंशी बद्री प्रसाद छोटे-से क़द के बूढ़े आदमी थे, धोती बाँधते थे और एक मैला-सा कोट पहनते थे। मशीन से कटे हुए ख़शख़ाशी बालों के सर पर फ़ेल्ट की काले रंग की मैली चीकट टोपी छोटे से तंग माथे पर झुकी रहती थी, गर्दन कोताह थी और कंधे ऊपर को उठे रहते थे। वो चलते भी थे जरा झुक के, तीसरे से छोटे दर्जे तक हिसाब

पढ़ाते थे, और बीच-बीच में खँकारते जाते थे। मुंशी जी अपनी फटी सी पुरानी फ्रेम की ऐनक लगाकर हाज़िरी लेने और फिर पढ़ाने खड़े हो जाते, फिर सवाल पूछते। जो बच्चा सवाल का ठीक जवाब न दे पाता उसकी शामत आ जाती। तीन-चार बेंत मारने के बाद मुंशी जी खँकारते और तालिबे-इल्म के दिमाग़ को कमज़ोर करार देकर उसे तेल लगाने की हिदायत देते ताकि दिमाग़ रौशन हो जाए और हाफ़िज़ा तेज़ हो जाए और हिसाब सीखने में कोई मुश्किल न पेश आए। ये कहते-कहते वो जेब से तेल की शीशी निकाल लेते और तालिबे-इल्म के हाथ बेच देते। मालूम नहीं वो ये तेल ख़ुद बनाते थे या ख़रीदकर लाते थे। एक बार मैंने भी उनका तेल ख़रीदा और इस यक़ीन के साथ सर में लगा लिया कि उसकी हर बूँद से दिमाग़ इस तरह रौशन हो जाएगा जैसे मिट्टी के तेल से लालटेन जल उठती है, लेकिन सुबह रौशन-दिमाग़ के सिलसिले में अपनी माँ का ये फ़िकरा सुना कि छछूंदर की बू कहाँ से आ रही है।

आज मुंशी बद्री प्रसाद का ख़याल आता है तो मुझे उन पर बेइंतहा प्यार आने लगता है। हालाँकि बचपन में उनके बेद खाकर मैंने भी दूसरे लड़कों की तरह दरख़्तों के पीछे छुपकर उन पर आवाज़ें लगाई हैं लेकिन मुंशी जी ने कभी लड़कों के फ़िकरों पर मुड़कर नहीं देखा। गर्दन झुकाए आते थे और गर्दन झुकाए जाते थे। मैं कभी उनके घर नहीं गया, मुझे यह भी नहीं मालूम कि उनकी ज़िंदगी में कैसी-कैसी नाकामियाँ और हसरतें थीं। शायद ख़्वाहिशों का गला वे बहुत पहले घोंट चुके होंगे, और तेल सिर्फ़ इसलिए बेचते होंगे कि उनकी क़लील सी तनख़्वाह उनके लिए नाकाफ़ी होगी और उनकी दाल घी से महरूम रहती होगी। अब अगर मुंशी बद्री प्रसाद मिल जाएँ तो मैं उनके पैर छूकर गुस्ताख़ियों की माफ़ी माँगूँ, जिनका ग़ालिबन उन्हें इल्म भी न होगा, और उनकी तेल की शीशियाँ ख़रीदने के लिए तमाम उम्र उनसे बेद खाता रहूँ और उफ़ भी न करूँ।

एक मीर बक़ चूँ-चूँ थे जिनके हाथ-पैर को लक़वा ने बेकार कर दिया था, लोग उन्हें चवन्नी-चपत कहकर चिढ़ाते थे। उनका मुँह काला किया गया, उन्हें गधे पर बिठाया गया और एक बूढ़ी मेहतरानी से उनकी शादी रचा दी गई, और ये सब सिर्फ़ इस जुर्म में कि वे बेबस और अपाहिज थे। और अभी इस क़िस्म के दर्जनों किरदार हैं। सब टूटे-फूटे चेहरों के लोग लेकिन दुखी दिलों के मालिक।

मैं सोचता था यह मख़लूक़ कहाँ से आई है, ये मज़ालिम क्यों हो रहे हैं, उन पर कोई एहतजाज क्यों नहीं करता। मेरा ख़ानदान इस पर क़ाने था कि सब कुछ ख़ुदा की देन है, अमीर और ग़रीब हमेशा से हैं। जुल्म-व-इस्तबदाद हमेशा से है।

इसी ज़माने में मुझे पहली बार यह मालूम हुआ कि इस्लाम में ज़मीन की मिल्कियत का कोई तसव्वुर नहीं था, और मैंने पहली बार अपने वालिद और चचा की तरफ़ सवालिया नज़रों से देखा और मुझे पहली बार यह मालूम हुआ कि समाजी ज़िंदगी

और जाती अक़ायद की ज़िंदगी के दर्मियान एक ऊँची दीवार है, और जो सवालात मुझे परेशान कर रहे हैं वे दूसरों को परेशान नहीं करते। मैंने क़ुरान व हदीस की मदद से इस्तदलाल करने की कोशिश की : "ख़ुदा के दिए हुए रिज़्क़ से खाओ, पियो और ज़मीन पर फ़िला व फ़साद बर्पा न करो।" इससे मैंने यह नतीजा निकाला कि फ़िला व फ़साद बर्पा करने वाले साहिबाने-इक़्तिदार हैं जिनके मुलाज़िम मेरे वालिद और चचा हैं, जिन्हें इसका अंदाज़ा नहीं कि वे ख़ुद कितने पिसे और दबे हुए हैं, लेकिन आम तसव्वुर यह था कि फ़िला व फ़साद के ज़िम्मेदार किसान हैं, अगर वे बेगार से इनकार न करें और लगान अदा करें और मोटा-झोटा पहनकर और आधे पेट खाकर ख़ुदा का शुक्र किया करें तो कोई हंगामा नहीं होगा।

मुझे सन् याद नहीं है, लेकिन एक मर्तबा यह हुआ कि एक गाँव के किसानों ने बग़ावत कर दी। रियासत की फ़ौज ने जवाब में सारे गाँव में आग लगा दी और किसान औरतों को बेइज़्ज़त किया। इस पर बड़ा हंगामा हुआ, अख़बारों में ख़बरें छपीं, और कांग्रेस की तरफ़ से पंडित जवाहरलाल नेहरू इस मामले की तहक़ीक़ात करने आए। रियासत के अमले ने उनको गाँव तक जाने से रोक दिया, और रास्ते की कच्ची सड़क में जा-ब-जा गड्ढे खोद दिए गए ताकि पंडित नेहरू की कार वहाँ तक न पहुँच सके।

ग़ालिबन ईदे-गदीर का दिन था या यों ही हमारे घर में कोई महफ़िल थी। मैं उस महफ़िल में क़सीदा पढ़ने के बजाय इस आम जलसे में चला गया जहाँ पंडित नेहरू ने जागीरदारी जुल्म-व-इस्तबदाद के ख़िलाफ़ तक़रीर की। जलसे के बाद मैं वापस आया तो घर के लोग मुझसे ख़फ़ा थे, और मैं सारी कायनात से बेज़ार। जुल्म-व-अफ़लास के समाजी असबाब के पहले इल्म ने मेरे दिल में चिराग़ जला दिए थे।

इसी ज़माने में मैंने दो निहायत अहम किताबें पढ़ीं, जिन्होंने मेरी ज़िंदगी बिलकुल पलटकर रख दी। एक महात्मा गाँधी की किताब 'तलाशे-हक़' और दूसरी प्लूटार्क की किताब 'मशाहीरे-यूनानो-रोमा'। गाँधी जी की किताब मैं पूरी तरह न समझ सका, इसलिए कि वह अंग्रेजी में थी, और मेरी अंग्रेजी की इस्तेदाद इतनी नहीं थी। किताब मेरे चचा की थी, जिन्होंने खुद उसे बड़े शौक़ से पढ़ा था, लेकिन मुझमें इतनी हिम्मत नहीं थी कि उनसे उसके मतालिब दर्याफ़्त करूँ। ख़ुद ही उसकी सियाह छपी सतरों में नूर और रौशनी की जुस्तजू करता रहा। प्लूटार्क की किताब अंजुमन तरक़्क़ी-ए-उर्दू औरंगाबाद ने छापी थी और ग़ालिबन उसका उर्दू तर्जुमा हाशमी फ़रीदाबादी ने किया था। इसका असर ज़्यादा गहरा पड़ा, क्योंकि मैं इसे आसानी से समझ सकता था, ख़ासतौर से ले कर्गस ने मुझे बहुत मुतास्सिर किया था। अब यह बताना मुश्किल है कि उसकी कौन सी अदा मुझे भाई थी।

लेकिन उन किताबों ने मेरे सवालात हल करने के बजाय मेरे दिल में और आग

लगा दी। इस आग को कौन बुझाए, न घर में कोई मेरा जवाब देने वाला है और न स्कूल में। न किताबें, न रिसाले न अखबार। मेरे वालिद और चचा मुझसे बहुत मुहब्बत करते थे, इसलिए उनको मेरे सवालात दीवानगी मालूम होते थे। उनकी शफ़कत मेरे दिल की आग को नहीं बुझा सकी। एक वाक़िये ने इस आग को और भड़का दिया। एक और गाँव में बग़ावत हो गई और किसानों ने रियासत के तहसीलदार को जान से मार दिया। मेरे बहनोई जो ज़ैलदार थे, ब-मुश्किल अपनी जान बचाकर भाग आए। सबकी हमदर्दियाँ मेरे बहनोई और मरे हुए तहसीलदार के साथ थीं, मेरी हमदर्दियाँ किसानों के साथ।

अब मुझे हर उस चीज़ से नफ़रत हो गई, जिससे अमारत की ज़रा सी भी बू आती हो। मेरा रद्दे-अमल सिर्फ़ जज़्बाती था, और अक़्ल को जज़्बात की तंज़ीम का रास्ता नहीं मिल रहा था। इस आलम में मैंने एक नज़्म कही कि ख़ुदा न तो ग़रनाता व बग़दाद के ऐवानों में है, न अमीरों के महलों में, ख़ुदा जौ की रोटी में है, पैवंदों की चादर में है, और करबला में चमकने वाली हुसैन इब्ने-अली की तलवार में। अब इसका एक मिसरा भी याद नहीं है, लेकिन यह नज़्म मैंने कई मजलिसों में पढ़ी और उसकी दाद भी मिली। और तो किसी ने इस नज़्म को नहीं समझा लेकिन वालिद और चचा के मिलने वाले एक गवर्नमेंट के तहसीलदार इल्तिजा हुसैन साहब थे, वह मुझे बहुत प्यार करते थे, उनके कान खड़े हो गए। उन्होंने नज़्म की तारीफ़ की, और फिर मुझसे पूछा, "तुम ख़ुदा को मानते हो?" वह मुझे उसी तरफ़ ले जाना चाहते थे कि अमीर-व-ग़रीब सब ख़ुदा के बनाए हुए हैं। लेकिन गुफ़्तगू में बात यहाँ आ पहुँची कि मैंने कहा कि 'मैं खुदा को इसलिए मानता हूँ कि रसूल (जिन पर अल्लाह ताला की सलामती हो) को मानता हूँ।" बुज़ुर्गों की त्यौरियों पर बल पड़ गए और उन्होंने मुझे घूरकर देखा, लेकिन मैं उस वक़्त उनके सामने गुस्ताख़ हो गया था, यहाँ तक कह गया कि "आपके पास ख़ुदा के होने का कोई सबूत नहीं है। लेकिन मेरे पास है और वह यह है कि रसूल (जिन पर ख़ुदा ताला की सलामती हो) ने कहा है कि ख़ुदा है।" मैं वहाँ से उठकर चला आया और देर तक इक़बाल की बाँगे-दरा पढ़ता रहा और जब शिकवे के इस बंद पर पहुँचा :

थी तो मौजूद अज़ल ही से तेरी ज़ाते-क़दीम
फूल था ज़ेबे-चमन पर न परेशाँ थी शमीम
शर्त इंसाफ़ है ऐ साहिबे-अल्ताफ़े-अमीम
बू-ए-गुल फैलती किस तरह जो होती न नसीम
हमको जमईयते-ख़ातिर ये परेशानी थी
वरना उम्मत तिरे महबूब की दीवानी थी

तो ख़ुशी से मेरी बाँछें खिल गईं, कि मैं अपने बुज़ुर्गों के सामने इक़बाल की दलील पेश करके आया हूँ।

अब ख़ानदान में मेरा थोड़ा सा एहतराम किया जाता था और लोग ज़ेर-ए-लब मुस्कुरा भी देते थे।

मैंने अच्छी चीज़ें खाना छोड़ दी थीं, टेनिस खेलना और शिकार खेलना भी तक़रीबन तर्क कर दिया था, ज़्यादातर किताबें पढ़ने में वक़्त गुज़ारता था, लेकिन काम की किताबें कम थीं। सबसे अच्छी किताब बाँगे-दरा थी, जो ज़बानी याद हो गई थी। उसी दौरान में निगार के कुछ पुराने पर्चे कहीं से मिल गए, ग़ालिबन नियाज़ फ़तहपुरी की किसी तहरीर में इंक़िलाबे-रूस का ज़िक्र मिल गया और मैंने इक़बाल की ख़िज्रे-राह को उसके साथ मिलाकर अपने ख़्वाबों की नई दुनिया तामीर करना शुरू कर दी।

माँ-बाप मेरी हालत पर कुढ़ते थे और बहनें मुझे हैरत से देखती थीं। एक रिश्ते की बहन थी, उसकी आँखों में हैरत से ज़्यादा पसंदीदगी की चमक थी, और यह चमक मुझको इस पर आमादा कर देती थी कि मैं उससे हमेशा मुफ़िलसी और अमारत, जुल्म और इंसाफ़ की बातें करता रहता था। लेकिन कुछ अर्से के बाद मालूम हुआ कि हमारे दर्मियान कुछ नाज़ुक और लतीफ़ रिश्ते पैदा हो गए हैं, और मेरे दिल में एक नूर सा बिखर गया। वर्षों बाद जब मेरी शादी का सवाल उठा तो मैंने अपने वालिदैन को उस लड़की का नाम बता दिया, लेकिन लड़की के बाप ने यह कहकर इनकार कर दिया कि मैं ऊल-जुलूल आवारागर्द ठहरा, न रहने का ठिकाना होगा, न खाने का, लड़की कहाँ भाड़ झोंकेगी!

यह ग़ालिबन 1930 के आसपास की बात है कि मैंने तय कर लिया कि बलरामपुर से निकल जाऊँगा। इत्तफ़ाक़ से यह ख़बर मालूम हुई कि जहाज़रानी की ट्रेनिंग के लिए अब हिंदुस्तानी भी लिए जाएँगे। कुछ ज़ौक़े-आवारागर्दी, कुछ बलरामपुर से निकल जाने का शौक़, मैंने अपने वालिद से जहाज़रानी में जाने की ख़्वाहिश ज़ाहिर की। उन्होंने इजाज़त दे दी, मैं महीनों इम्तहान की तैयारी करता रहा, और फिर लखनऊ ज़ाकर इम्तहान दिया और उसमें कामयाब हो गया। बंबई से बुलावा आ गया, मैं बेइंतिहा ख़ुश था, और सफ़र की तैयारियाँ करने लगा था कि यकायक एक ऐसा वाक़िया हुआ जिसने सारे ख़्वाबों को ख़ाक में मिला दिया।

एक मुज्तहिद साहब हर साल तशरीफ़ लाते थे, मैं जाने की तैयारी में था कि वह आ गए। जब मेरे वालिद साहब ने उनके सामने ज़िक्र किया तो कुछ शुबहात का इज़हार भी हुआ। किस तरफ़ से? यह मुझे नहीं मालूम। बस इतना मालूम है कि मुझे उनके सामने बुलाया गया, और फिर मेरे सामने इस्तेख़ारा देखा गया और इस्तेख़ारा मना आ गया। मैंने उस वक़्त ज़रा सी झुँझलाहट महसूस की फिर यह तावील कि चलो अच्छा हुआ। मैं ख़्वाहमख़्वाह अंग्रेजों की मुलाज़िमत करने जा रहा था। लेकिन जब 1946 में मेरी आँखों के सामने बंबई के जहाज़ियों ने बग़ावत की

तो मेरा दिल इस ख़याल से तड़प उठा कि मैं इस बग़ावत में शरीक न हो सका। इसे एक रूमानियत कह लीजिए, लेकिन यही रूमानियत तो ज़िंदगी में रस पैदा करती है।

अब फिर बलरामपुर का कुआँ था और मैं। अमल का कोई रास्ता दिखाई नहीं दे रहा था। ज़ेहनी उलझनें बढ़ती जा रही थीं, मैं बेबस था और अंदर ही अंदर पेचो-ताब खा रहा था।

इस ज़ेहनी कैफ़ियत में मैं सन् 1933 में अलीगढ़ पहुँचा, उस वक़्त मेरी उम्र 20 बरस की थी। चूँकि मैंने इब्तिदाई चंद साल अरबी और फ़ारसी की तालीम में गुज़ारे थे और तब अंग्रेज़ी स्कूल में दाख़िला लिया था, इसलिए मैं अपनी उम्र के एतबार से तालीम में पिछड़ा हुआ था। जब इंटरमीडिएट में पहुँचा तो मेरे हमउम्र बी.ए. और एम.ए. के तालिबे-इल्म थे।

यह ज़माना जितना हिंदुस्तान की तारीख़ में अहम है उतना ही उर्दू अदब और अलीगढ़ की तारीख़ में भी। अलीगढ़ तहरीक ने 19वीं सदी में उर्दू अदब के धारे को मोड़ा था, 20वीं सदी की इब्तिदा में ग़ज़ल की इस्लाह का सेहरा भी अलीगढ़ के एक सपूत मौलाना हसरत मोहानी के सर है, और तीसरी दहाई में जब तरक़्क़ी-पसंद तहरीक ने उर्दू अदब को नया रुख़ दिया तो यहाँ भी अलीगढ़ पीछे नहीं रहा।

जिस ज़माने में मैं वहाँ पहुँचा, नई तहरीक के अव्वलीन नक़्श बन रहे थे, और अदब और सियासत मिलकर एक हुए जा रहे थे। अख़्तर रायपुरी, सिब्ते-हसन, हयातुल्ला अंसारी, सआदत हसन मंटो, मजाज़, जाँनिसार अख़्तर, आले अहमद सरूर सब वहाँ के तालिबे-इल्म थे। डॉ. अशरफ़ और डॉ. अब्दुल अलीम उस्तादों में थे, बाद को इस्मत चुग़ताई भी वहाँ पहुँच गईं और जज़्बी भी और ये सब जदीद उर्दू अदब के निहायत अहम और होशमंद मेमार हैं।

मैं जिस ज़ेहनी कैफ़ियत में गया था उसका तक़ाज़ा यह था कि मैं सीधा लाइब्रेरी का रुख़ करूँ। मुझे मालूम भी नहीं था कि अलीगढ़ में कौन-कौन है, और किस क़िस्म के तूफ़ान परवरिश पा रहे हैं। मैं इस नतीजे पर पहुँच गया था कि ज़ेहनी उलझनों को दूर करने के लिए इल्म बहुत ज़रूरी है, जिससे मैं अभी तक बुरी तरह महरूम था।

बग़ैर किसी तरतीब के मेरा हाथ जिस किताब पर पड़ा उसे पढ़ डाला, लेकिन न जाने क्यों मेरा हाथ किसी सियासी किताब पर नहीं पड़ा। आमतौर से मैं अदबी किताबें पढ़ रहा था, उनके ज़ेरे-असर बलरामपुर में पैदा होने वाले सवालात कुछ अरसे के लिए दब गए और मैं आस्कर वाइल्ड में खो गया, जिसकी सालोमी के ज़ेरे-असर मैंने बे-सरो-पा ड्रामा लिखा, ग़ालिबन उसका नाम 'दीवाने' था, और वह अलीगढ़ मैगज़ीन में शाया हुआ था। उसकी न जाने क्यों मेरे मोहतरम उस्ताद रशीद सिद्दीक़ी साहब ने तारीफ़ की, और भी कुछ लोगों ने उसे सराहा, मैं उस वक़्त तो

ख़ुश हुआ, और जब ज़रा होश आया, तो हैरान हो गया, और आज भी हैरान हूँ। क्योंकि उस पर क़िसी किस्म के सियासी और समाजी शऊर की परछाईं तक भी नहीं है। सिर्फ़ लफ़्फ़ाज़ी है, और वह भी इंतहाई मसनूई। वह तो हैरत हुई कि चंद साल बाद रशीद साहब ने अपनी किताब मुझे दस्तख़त करके दी, और उस पर मेरे लिए यह लिखा कि "जिनके बारे में मेरी वही राय है जो मीर की ग़ालिब के बारे में थी।" इस पर मैं चौंका और मुझे 'दीवाने' के मोहमल होने का यक़ीन आ गया। ग़ालिब की मंज़िल तो नसीब नहीं हुई लेकिन होश ज़रूर आ गया।

लेकिन मैं आस्कर वाइल्ड की गिरफ़्त से बहुत पहले निकल चुका था। जिस ज़माने में मैं उसकी सवानेह-उम्री पढ़ रहा था तो गोयटे का 'वरथर' मेरे हाथ लग गया। इससे मैं गोयटे की तरफ़ माइल हो गया और जब मैंने उसका शाहकार फाउस्ट पढ़ा तो मुझे अदब की हक़ीक़ी बुलंदी और अज़्मत का अहसास हुआ।

दिल में सोए हुए सवालात फिर जागने लगे और एक रोज़ महज़ इत्तफ़ाक़ से एक वाक़िये ने मुझे नई राह पर डाल दिया। तक़रीरें करने का मुझे शौक़ था और मेरे दोस्त फ़रहतुल्ला अंसारी को भी। वो चूँकि अंग्रेजी में तक़रीरें करते थे और वो ज़माना यूरोप में फ़ासिज़्म के उरूज का ज़माना था, और हिंदुस्तान में तहरीके-आज़ादी की लहरें ऊँची उठ रही थीं इसलिए अहमद अब्बास की तक़रीरों की तरह उनकी तक़रीरों में भी सियासी अल्फ़ाज़ की बोहतात होती थी। एक दिन मैंने फ़रहत की ज़ुबान से बुर्ज़ुवा का लफ़्ज़ सुना और उनसे उसके माने पूछे, जवाब देने के बजाय वो हँसने लगे। मैं फिर लाइब्रेरी की तरफ़ भागा, और इस बार जब मैं वापस आया तो मेरी बग़ल में लेनिन की सवानेह-उम्री थी। मुझे अब यह बिलकुल याद नहीं है कि वो किसकी लिखी हुई थी, बस इतना याद है कि जो दरवाज़े गाँधी जी किताब पढ़कर और नेहरू की तक़रीर सुनकर ज़रा-ज़रा से खुले थे और फिर बंद हो गए थे, इस बार पूरे खुल गए और मुझे पेड़ों में लटकी हुई किसान औरतों को नीचे उतारकर उनका खोया हुआ वक़ार वापस देने का तरीक़ा मालूम हो गया। मैं फ़रहत का शुक्र-गुज़ार हूँ कि उनकी हँसी ने कितने होटों की खोई हुई हँसी वापस दिला दी।

उसी ज़माने में मजाज़ से मुलाक़ात हुई। वो हँसमुख और तनदुरुस्त था और उसकी आँखों में बला की चमक थी। दहाना तब भी बहुत कम खुलता था, लेकिन तरन्नुम का जादू अपने शबाब पर था। (मुझे याद है सन् 1936 की एक शाम मजाज़ रशीद जहाँ के घर पर अपनी कोई नज़्म सुना रहा था, महमूदुल-जफ़र और शौकत उमर और ख़्वाजा मंजूर हुसैन भी वहाँ थे, दो बच्चियाँ भी बैठी हुई थीं, एक बच्ची ने कुछ कहा तो दूसरी बच्ची ने ये कहकर उसे ख़ामोश कर दिया, चुप रहो, बाजा बज रहा है।) मुझे मालूम भी नहीं था कि मजाज़ शायर हैं। हम दोनों एक ही कोर्ट पर टेनिस खेलते थे। एक रोज़ मजाज़ खेलकर वापस जा रहा था कि उसकी पतलून

तार में उलझकर फट गई। ग़ौस मुहम्मद ने हँसकर कहा शायर साहब की पतलून फट गई, और मैंने मुड़कर देखा कि ये कौन शायर है। उसी रात को यूनियन के मुशायरे में मजाज़ से पहली बार मुलाक़ात हुई। उसकी नज़्म और तरन्नुम दोनों में जादू था। नज़्म 'इंक़लाब' थी और उसके हर मिसरे में मुझे अपनी दिल की धड़कन महसूस हुई। उसी दिन से हम दोनों दोस्त हो गए। ये दोस्ती बाईस बरस तक उतनी ही बेलौस और ख़ूबसूरत रही जितनी पहले दिन थी। इस मुशायरे में मैंने अपनी नज़्म 'समाज' पढ़ी थी जो इन शेरों पर ख़त्म होती थी।

तमन्नाओं में कब तक ज़िंदगी उलझाई जाएगी
खिलौने दे के कब तक मुफ़लिसी बहलाई जाएगी
नया चश्मा है पत्थर के शिगाफ़ों से उबलने को
ज़माना किस क़दर बेताब है करवट बदलने को

जब मैं मुशायरे के बाद बाहर निकला तो एक इंतहाई ज़हीन आँखों और बीमार चेहरे का तालिबे-इल्म मुझे अपने कमरे में यह कहकर ले गया कि "मैं इंक़लाबी हूँ।" उसके कमरे में विक्टर ह्यूगो की बड़ी सी तस्वीर लगी हुई थी, और मेज़ पर चंद दोस्तों के साथ उसकी अपनी तस्वीर थी, जिसकी पुश्त पर गोर्की का एक इक़्तबास लिखा हुआ था। ये सआदत हसन मंटो था। उसने मुझे भगत सिंह पर मज़ामीन पढ़ने के लिए दिए, और विक्टर ह्यूगो और गोर्की से आशना किया। मैं जब अपनी तालीम ख़त्म करके लखनऊ चला गया और मंटो बंबई तो उसने मुझे कई बार बंबई बुलाया। जब मैं कम्युनिस्ट पार्टी के हफ़्तेवार अखबार में काम करने के लिए सन् 1942 में बंबई पहुँचा तो मेरे और मंटो के दरम्यान अदबी इख़्तलाफ़ात की ख़लीज बहुत वसी हो चुकी थी लेकिन हमारी ज़ाती दोस्ती में फ़र्क़ नहीं आया। वैसे तल्ख़ लम्हात भी आए और तेज़ो-तुंद कैफ़ियत भी पैदा हुई। उस रात मंटो बड़ी देर तक बातें करता रहा और हम दोनों ने मिलकर एक रिसाला निकालने की स्कीम तैयार की। शाहिद लतीफ़ ने उसका नाम 'नया अदब' तजवीज़ किया। ये रिसाला पाँच-छः बरस बाद लखनऊ से निकला, लेकिन मंटो और शाहिद लतीफ़ के बजाय मजाज़ और सिब्ते-हसन मेरे साथ थे।

लखनऊ की पाँच रातें

पहली रात

राजसिंहासन डाँवाडोल

लखनऊ की फिजाँ में एक नई आज़ादी का अहसास था। सन् 1937 में कांग्रेस की पहली विज़ारत बनी थी। खद्दर के.कपड़ों की वक़त बढ़ गई थी, हम लोगों ने अपने सरों की गाँधी टोपी को और ज़्यादा तिरछा कर लिया था।

जब मैं सन् 1937 में देहली से लखनऊ आया तो मजाज़ वहाँ पहले मौजूद थे। उनके वालिद ने मुलाज़मत से सुबकदोश होने के बाद लखनऊ में घर बनाया था। मजाज़ के छोटे भाई अंसार हारवानी जो अब पार्लियामेंट के मेम्बर हैं, 'नेशनल हेराल्ड' में काम करते थे। वहाँ कई और भी अहबाब थे, अनवार जमाल किदवाई, सिब्ते-हसन, फ़रहतुल्ला अंसारी, अली-ज़वाद जैदी वग़ैरह। हयातुल्ला अंसारी हफ़्तेवार अख़बार 'हिंदुस्तान' के एडीटर थे। यशपाल हिंदी और उर्दू में अलग-अलग अपना रिसाला विप्लव शाया करते थे।

रोज़-बरोज़ तरक़्क़ीपसंदी का हलक़ा वसी होता जाता था। डॉक्टर अलीम और अहमद अली लखनऊ यूनिवर्सिटी में पढ़ाते थे। डॉक्टर रशीद जहाँ जिन्हें हम सब प्यार से रशीद आपा कहते थे, डाक्टरी करती थीं, अफ़साने लिखती थीं, और तमाम नौउम्र अदीबों के साथ शफ़क़त से पेश आती थीं। कभी-कभी इलाहाबाद से सज्जाद ज़हीर, डॉक्टर अशरफ़ और डॉक्टर अहमद आ जाते थे जो पंडित नेहरू की सर-परस्ती में आल इंडिया कांग्रेस कमेटी के आफ़िस में काम कर रहे थे। कानपुर में दो-एक अंग्रेज तरक़्क़ीपसंद प्रोफ़ेसर थे, वो भी लखनऊ के चक्कर लगाते रहते थे। इसी साल डॉक्टर मुल्कराज आनंद तरक़्क़ीपसंद मुसन्नफ़ीन की दूसरी कांफ्रेंस में शरीक होने के लिए (जिसका इफ़्तताह टैगोर ने किया) इंग्लिस्तान से आए थे, उनकी ज़ुबान पर स्पेन का ज़िक्र था—जिसके इंकलाबी कारनामे पहले ही हम तक पहुँच चुके थे। ला पशानारिया और लौर के नाम फिजाओं में गूँज रहे थे। एक साल बाद सन् 1939 में जज़्बी भी लखनऊ आए और जोश मलीहाबादी भी। उनका रिसाला 'कलीम' अब

नया अदब में ज़म हो गया और वो एक तरह से हमारे अदबी सरपरस्त बन गए। उसी ज़माने में सिकंदर अली वज्द भी लखनऊ आए। वो निज़ाम सरकार की सिविल सरर्विस का इम्तहान देकर ट्रेनिंग लेने लखनऊ आए थे। इसलिए आवारागर्दों और चाक-गरेबानों में शामिल न हुए, वैसे जज़्बाती तौर से वो भी हमारे क़रीब थे।

नौउम्र तरक़्क़ीपसंद टोली अजीबो-ग़रीब ज़िंदगी बसर कर रही थी। कुछ तो अभी तक कालिज और यूनिवर्सिटी में पढ़ रहे थे लेकिन सारे हिंदुस्तान में मशहूर हो चुके थे, कुछ अभी-अभी तालिम से फ़ारिग़ हुए थे। हमारे चार मश्ग़ले थे—तालीम, अदब, सियासत और आवारागर्दी। इस एतबार से हम मुख़्तलिफ़ औक़ात में मुख़्तलिफ़ मुकामात पर पाए जाते थे।

एक सिरे पर फिरंगी महल था, जिसके रौशन-ख़याल और ख़ुश-अकलाक़ उलमा के साथ निहायत अदब से इंतहाई बेबाक़ बहसें की जाती थीं, और दूसरे सिरे पर रेडियो की मशहूर गाने वाली—गौहर सुल्तान का वो घर था जिसे हम ख़राबात कहते थे। इन दोनों सिरों के दर्मियान 'नेशनल हेराल्ड', 'पायनियर', 'हिंदुस्तान', 'विप्लव' और 'नया अदब' के दफ़ातिर, यूनिवर्सिटी के वाइस चांसलर शेख़ हबीबुल्ला साहब का घर, प्रोफ़ेसर डी.पी. मुखर्जी का कुतुबख़ाना, वाई.डब्लू.सी.ए. का ख़ूबसूरत हाल जहाँ माया सरकार शमा-ए-महफ़िल हुआ करती थी, यूनिवर्सिटी की लड़कियों का कैलाश हास्टल जहाँ हर साल होली खेलने पर जुर्माना होता था और न जाने कितने कॉफ़ी हाउस, रेस्टोराँ, और मैख़ाने थे। और ये सारी गुज़रगाहें कूचा-ए-यार से होती हुई ज़िंदानों की तरफ़ जा रही थीं, जिनकी दीवारों के पीछे "आज़ादी की ख़ूबसूरत सुबह का उजाला धुँधला-धुँधला नज़र आ रहा था और उसकी दिलफ़रेबी हमारी निगाहों को दावते-नज़्ज़ारा रही थी।"

हमारा सारा गिरोह जो वैसे तो हमख़याल था, महात्मा गाँधी, जवाहरलाल नेहरू और सुभाष बोस के दर्मियान बँटा हुआ था लेकिन सोशलिज़्म से किसी को इनकार नहीं था।

हमारी बग़ावत का अंदाज़ रूमानी और इनफ़रादी था, जिसका सबसे हसीन पैकर मजाज़ की दिल-आवेज़ शख़सियत थी। ये पूरी शख़सियत उसकी नज़्म 'आवारा' और 'अँधेरी रात के मुसाफ़िर' में मौजूद हैं और उसके बिखरे हुए जल्वे उन रातों में नज़र आते हैं जिनमें से पाँच रातों का इंतख़ाब यहाँ पेश किया जा रहा है।

बेशतर तरक़्क़ीपसंद अदीब इस रूमानी मिज़ाज़ी दौर से गुज़र रहे थे। हमारा ग्रुप एक तरफ़ तो उस बैरूनी हकूमत के ख़िलाफ़ था, जिसने डेढ़-दो सौ बरस से हमारे मुल्क और कौम को ग़ुलाम बना रखा था, और दूसरी तरफ़ उस ख़ानदानी शराफ़त और रस्मो-रिवाज़ के ख़िलाफ़ जो हमारी बेबाक़ फ़ितरतों को अँगड़ाई नहीं लेने देता था। चूँकि हमारा तआलुक किसी सियासी जमाअत से नहीं था और तरक़्क़ीपसंदी तंजीम कम और तहरीक ज़्यादा थी, इसलिए हम अपनी मनमानी करने के लिए इनफ़रादी

गस्ते इख़्तियार करते थे। साफ़-सुथरे ड्राइंग रूम में बैठकर बीड़ी पीना, शराबखानों में नज़्में सुनाना, चौराहे पर खड़े होकर सियासी तक़रीरें करना, किताबें और रिसाले शाया करना और फिर उलमा और प्रोफ़ेसरों से टेढ़े-टेढ़े मुबाहिसे करना बेचैन रूहों की तसकीन का समान था।

एक दिन दौराने-गुफ़्तगू में ये बात निकली कि लोग अपने कुत्तों का नाम टीपू क्यों रखते हैं। मैं, सिब्ते-हसन और मजाज़ तीनों इस नतीज़े पर पहुँचे कि अंग्रेज़ों ने टीपू सुल्तान से अपनी नफ़रत का इज़हार करने के लिए एक तरीक़ा इख़्तियार किया है और टोडी किस्म (गुलामाना ज़ेहनियत) के हिंदुस्तानी उनकी नक़ल में बे-सोचे-समझे अपने कुत्तों का नाम टीपू रख लेते हैं; अगर मुहब्बत से रखने का सवाल होता तो वो यक़ीनन अपने कुत्ते का नाम विक्टोरिया, नेल्सन वग़ैरह रखते। मजाज़ ने फ़ौरन मशविरा दिया कि हम लोगों को एक कुत्ता पालना चाहिए और उसका नाम नेल्सन रखना चाहिए। अभी गुफ़्तगू जारी थी कि सिब्ते-हसन कहीं उठकर चले गए और जब चंद घंटों के बाद वापस आए तो उनकी गोद में एक निहायत ख़ूबसूरत सफ़ेद कुत्ते का पिल्ला था। हम लोगों ने फ़ौरन उसका नाम नेल्सन रख दिया और गोया अपने नज़दीक अंग्रेज़ों से टीपू सुल्तान की तौहीन का इंतक़ाम ले लिया।

नेल्सन निहायत ख़ूबसूरत और वफ़ादार कुत्ता था। चंद महीनों में वो बड़ा हो गया। काटता किसी को नहीं था लेकिन भोंकने में अपन जवाब नहीं रखता था। हम अपने अहबाब की फ़ेहरिस्त में हमेशा नेल्सन का नाम शामिल कर देते थे।

हम तीनों लाल बाग़ के एक नए घर में रहते थे जिसे डॉक्टर हुसैन ज़हीर की बेगम साहेबा ने बनवाया था और उसका नाम उनकी मर्जी के ख़िलाफ़ हमने अक्तूबर हाउस रख दिया था। घर दोमंजिला था और हमारे सिवा कोई किरायेदार अभी आया नहीं था, इसलिए हम ज़मीन की मंज़िल पर रहते थे और नेल्सन पहली मंजिल पर। एक मेहतरानी जो बावर्चीख़ाने के बाहर खिड़की के पास खड़ी होकर लखनऊ के लतीफ़ लहजे और नफ़ीस ज़ुबान में हमें खाना पकाने की हिदायत देती रहती थी, रोज़ नेल्सन को नहलाती थी। हम लोग सारे दिन माहवार नया अदब और हफ़्तेवार परचम की तरतीब और इशाअत में लगे रहते और शाम के वक़्त अपने कुत्ते को साथ लेकर हज़रतगंज की सैर के लिए बाहर निकलते। इस सैरगाह का इंतख़ाब एक ख़ास ग़रज़ से किया गया था। शाम के वक़्त उसकी सड़कें और दुकानें यूनिवर्सिटी के लड़कों और लड़कियों के अलावा गोरे सिपाहियों और टामियों से भरी होती थीं और हम लोग उनकी सूरतें देखकर अपने कुत्ते को नेल्सन कहकर ज़रूर आवाज़ देते थे और तालिब-इल्मो और टामियों पर उसका रद्दे-अमल देखकर बहुत ख़ुश होते थे। मगर कोई ग़ैरमामूली वाक़िया पेश नहीं आया।

आख़िर एक शाम को वो हादसा हो गया, जिसके लिए हम बेताब थे। मेफ़ेयर

सिनेमाघर में कोई बहुत अच्छी तस्वीर आई थी, अब नाम याद नहीं है, शायद वारेज थी, जिसमें पाल मुनी ने मैक्सिको के इंकलाबी रहनुमा का किरदार अदा किया था। शायद ये नौशीक थी जिसमें चेकोस्लोवाकिया के एक बाग़ी किसान की एक कहानी थी। ऐसी फ़िल्मों को देखने के लिए यूनिवर्सिटी के तालिब-इल्मों का हुजूम आता था और फ़िल्म के ख़ात्मे पर ऐन उस वक़्त जब अंग्रेज़ों का क़ौमी गीत (हमारे लिए साम्राजी गीत) गाड सेव द किंग बजता था, बुलंद आवाज़ से इंकलाबी नारे लगाता था।

हम तीनों निहायत शान से अपने कुत्ते को साथ लेकर मेफेयर पहुँचे और चार टिकट खरीदकर हाल के अंदर दाख़िल होने लगे। उस वक़्त नेल्सन मेरी गोद में था। दरवाज़े पर हमें रोक दिया गया। बड़ी देर तक इस पर हंगामा होता रहा कि नेल्सन भी तस्वीर देखेगा। आख़िर हमने उसका टिकट ख़रीदा है और कुत्ता नहीं, हमारा दोस्त है। सिनेमा के मैनेजर ने जो हमें अच्छी तरह जानता था, ख़ुशामद करके हमें राज़ी किया, टिकट के पैसे वापस किए, चाय पिलाई और रुख़सत कर दिया। हम बाहर निकले तो मेरी हमजमाअत यूनिवर्सिटी की कुछ लड़कियाँ मिल गईं। एक हुजूम सिनेमा से निकल रहा था और एक अंदर जा रहा था। हम सड़क के किनारे खड़े हुए अपने कुत्ते के कारनामे बयान कर रहे थे कि नेल्सन की भोंकने की आवाज़ आई। एक टामी जो शराब के नशे में धुत था और ग़ालिबन तस्वीर देखने आया था, नेल्सन को अपने बेद से छेड़ रहा था। हम तीनों ने एक साथ कुत्ते का नाम लेकर उसे आवाज़ें दीं—नेल्सन, नेल्सन। टामी कुत्ते को छोड़ हमारी तरफ़ बढ़ा। हमारे साथ इतनी देर में एक बहुत मज़बूत क़िस्म के कश्मीरी दोस्त आ गए थे जो उस ज़माने में ग़ालिबन 'पायनियर' अख़बार में काम कर रहे थे। उनके और टामी के दर्मियान घूँसेबाज़ी शुरू हो गई, हमारा कश्मीरी दोस्त चक हर घूँसे के साथ नेल्सन का नारा बुलंद करता था और कुत्ता अपना नाम सुनकर और ज़्यादा ज़ोर से भोंकता था।

लड़कियाँ तितर-बितर हो गईं और ये घूँसेबाज़ी कोई आधे घंटे तक जारी रही। पहले तो हम हँस रहे थे लेकिन जब मामला ज़्यादा संगीन हो गया तो मैंने और सिब्ते-हसन ने बीच-बचाव की कोशिश की। लेकिन न तो टामी का हाथ रुकता था और न चक का। लेकिन देखने के क़ाबिल आलम मजाज़ का था। वो घूँसेबाज़ी की गत पर चुटकी बजाकर नाच रहा था और लहक-लहककर अपने नामुकम्मल गीत के दो मिसरे गा रहा था।

बोल अरी ओ धरती बोल
राजसिंहासन डाँवाडोल

इस गीत की इब्तिदा चंद माह पहले गौहर सुल्तान के घर पर सिब्ते-हसन और फ़रहतुल्ला

के बाहमी झगड़े में हुई थी।

अब मजाज़ के गीत, घूँसेबाज़ी के पैंतरों, कुत्ते की भौं-भौं और चक की ज़बान से बुलंद होते हुए नेल्सन के नारों के साथ हम लोग लड़ते-लड़ते मेफ़ेयर से जनरल पोस्ट आफ़िस तक चले गए। ख़ैरियत हुई कि इस आधे घंटे के अर्से में कोई टामी उधर से नहीं गुज़रा और कोई पुलिसवाला गोरी चमड़ी की इमदाद के लिए नहीं आया। आख़िर टामी थककर बेदम हो गया और उसने जनरल पोस्ट आफ़िस के पास पहुँचकर सुलह की पेशकश कर दी। तय हुआ कि कल शाम को इस जगह पर घूँसेबाज़ी का मुक़ाबला होगा। चक ने उसकी ज़मीन पर पड़ी हुई टोपी उठा ली और कहा कि यह कल शाम को लड़ाई के बाद वापस की जाएगी। हम लोग हँसने लगे और टामी लड़खड़ाता हुआ वापस चला गया-सिब्ते-हसन ने बढ़कर नेल्सन को अपनी गोद में ले लिया और इस प्यार से थपका जैसे चक के बजाय उस कुत्ते ने टामी से बाज़ी जीती हो। मजाज़ ने टामी की टोपी चक से माँग ली और अपने सर पर पहन ली। दूसरे दिन शाम को वह टामी वहाँ नहीं आया। हम लोग बड़ी देर इंतज़ार करके कॉफ़ी हाउस चले गए और नेल्सन को टामी की टोपी पहनाकर एक कुर्सी पर बिठा दिया।

इस वाक़िये के सात-आठ बरस बाद जब 15 अगस्त 1947 को मैं और मजाज़ बंबई के मुसर्रत से सरशार शहरियों के साथ ऑपेरा हाउस के चौराहे पर आज़ादी की ख़ुशी में नाच रहे थे तो यकायक मजाज़ ने अपनी जेब से उस टामी की मैली-कुचैली पुरानी टोपी बाहर निकाली और उसे अपने सर पर रखकर तिरछा कर लिया। अब वह फिर चुटकी बजा-बजाकर नाच रहा था, और गा रहा था :

बोल अरी ओ धरती बोल
राजसिंहासन डाँवाडोल

गीत मुकम्मल हो चुका था और सारा मजमा मजाज़ के साथ गा रहा था।

दूसरी रात

"ऐसी नहीं हुई है सबा दर बदर कि हम"

वो तमाम रातें हमारे जिस्म, हमारे दिल, हमारी रूह में जज़्ब हो चुकी हैं, बेमानी, फ़जूल तूफ़ानी रातें, मगर उन्हीं में से मानी और मक़सद के सितारे झाँक रहे हैं। जब हम दिन को बाहर निकलते तो वे रातें हमारे साथ चलती थीं, लोग मुड़कर देखते थे और आपस में इशारे करते थे, "वह नए शायर जा रहे हैं।"

मजाज़ आमतौर से अलीगढ़ की सिली हुई शेरवानी पहनते थे और मैं खद्दर का कुर्ता-पाजामा। सिब्ते-हसन के जिस्म पर कुर्ते-पाजामे के साथ एक नफ़ीस जैकेट भी होती थी। तीनों के सर पर गाँधी टोपी जो हर हालत में तिरछी रहती थी। (मजाज़ के सर पर कभी-कभी जाड़ों में नर्म समूर की टोपी आ जाती थी।) मैं लखनऊ यूनिवर्सिटी में एम.ए. का तालिबे-इल्म था, सिब्ते-हसन 'नेशनल हेराल्ड' में सब-एडीटर थे। मजाज़ बेकार थे और सिर्फ़ शायरी करते थे। मगर हम तीनों मिलकर नया अदब निकालते थे और भैंसाकुंड के इलाक़े में राजा महमूदाबाद की एक बड़ी सी कोठी के छोटे से कमरे में रहते थे। ख़ुफ़िया पुलिस के सादापोश सिपाही साये की तरह पीछे लगे रहते थे, न जाने क्यों।

1939 की गर्मियाँ थीं। शाम हो रही थी। हमने दिन भर खाना नहीं खाया था, सिगरेट भी नसीब नहीं हुआ था। हमारा नौकर मुहम्मद जो हमारे साथ फ़ाक़ाकशी का आदी हो चुका था, आज वह भी कोई इंतज़ाम नहीं कर सका था। वह आमतौर पर हमारी अदम-मौजूदगी में 'नया अदब' के पुराने पर्चे न जाने कहाँ और कैसे बेच आता था, और खाना पका लेता था। अगर ग़लती से कोई शामत का मारा सी.आई.डी. का आदमी चक्कर लगा लेता तो उसकी ख़ैर नहीं थी। मुहम्मद उसको पुराने पर्चे थमाकर 2-3 रुपये वसूल ज़रूर कर लेता था। लेकिन आज इत्तफ़ाक़ से सी.आई.डी. वाले भी हमें भूल गए थे। मजाज़ के घर का खाना मिल सकता था लेकिन वहाँ जाना इसलिए ख़तरे से ख़ाली नहीं था कि मजाज़ एक हफ़्ते से घर से ग़ायब थे, और उन दिनों का हिसाब देने के लिए बिलकुल तैयार नहीं थे।

हम तीनों बैठे सोच रहे थे कि प्रेस से 'नया अदब' का पर्चा छपकर आ गया। हमने फ़ौरन अपने दोस्तों की एक फ़ेहरिस्त मुरत्तब की और उनको 'नया अदब' का

ख़रीदार बनाने के लिए रवाना हो गए। ख़याल था कि कुछ रुपये आएँगे तो खाना भी पक जाएगा, और पर्चा भी डाक से चला जाएगा।

बाग़ों के किनारे गुज़रती हुई ठंडी हवा और ख़ामोश शाह नजफ़ रोड पर जो हमारे घर से बहुत दूर नहीं थी, हम सबसे पहले एक पुलिस सुपरिंटेंडेंट के घर पहुँचे। वो मजाज़ की शायरी के बड़े मद्दाह थे और उस पर्चे में मजाज़ की नई नज़्म छपी थी। सुपरिंटेंडेंट साहब ख़ुद तो घर पर मौजूद नहीं थे, लेकिन उनके छोटे भाई ने हमारी बड़ी ख़ातिर-मुदारात की। चाय पीने के बाद हमने सिगरेट जलाया, और उनको 'नया अदब' का पर्चा पेश किया। उन्होंने बड़े शौक़ से रिसाला ले लिया और जेब से दस रुपये का नोट निकालकर हाज़िर कर दिया। हमारे पास वापस करने के लिए छः रुपये नहीं थे, उन्होंने पाँच का नोट दिया, लेकिन हमारे पास एक रुपया भी नहीं था। ये देखकर उन्होंने पाँच रुपये का नोट भी वापस ले लिया, और दूसरे दिन नौकर के हाथ चार रुपये भेजने का वादा करके हमें रुख़सत कर दिया। हम एक दूसरे की सूरत देखते बाहर निकल आए। उनका ये फ़िक़रा बड़ी देर तक हमारे कानों में गूँजता रहा, "आप तीनों के पास एक रुपया भी नहीं है!"

शाम ढलकर रात हुई थी, और फ़िज़ा में रात की रानी की ख़ुशबू फैल गई थी। सड़क सुनसान थी, और मैं और सिब्ते-हसन दोनों ख़ामोश थे, और मजाज़ ज़ेरे-लब गुनगुना रहा था :

रात हँस-हँस कर ये कहती है कि मैख़ाने में चल
फिर किसी शहनाज़े-लाला-रुख़ के काशाने में चल
ये नहीं मुमकिन तो फिर ऐ दोस्त वीराने में चल
ऐ ग़मे-दिल क्या करूँ, ऐ वहशते-दिल क्या करूँ

सिब्ते-हसन ने मजाज़ को दो-तीन बार कनखियों से देखा, और फिर जलकर कहा, "वीराना दिल में होता है, बाहर नहीं होता।"

कोई एक मील के बाद एक बैरिस्टर साहब का घर आया। वो अलीगढ़ में हमारे साथ पढ़ चुके थे, हाल ही में इंगलिस्तान से अंग्रेज़ बीवी लेकर वापस आए थे। उनके दरवाज़े पर पहुँचकर देखा कि बीवी टार्च लिए खड़ी हैं और नौकर मोटर को ऊँचा करने की कोशिश में है, और बैरिस्टर साहब ख़ुद पहिया बदलने की फ़िक्र में हैं। हम तीनों को देखते ही बड़े बेतुकल्लुफ़ी से बोले कि "भई ख़ूब आए, ज़रा मदद कर देना, जैक टूट गया है।" हम तीनों ने नौकर के साथ मिलकर उनकी मोटर को ऊँचा किया, और उन्होंने पहिया बदल दिया। फिर वो अपने हाथों को रूमाल से साफ़ करते हुए फ़ौरन मोटर में बैठ गए और अपनी बीवी के लिए दूसरी तरफ़ का दरवाज़ा खोलते हुए हमसे मुख़ातिब हुए, "फिर मुलाक़ात होगी, इस वक़्त ज़रा बाहर जाना है।" मुझे तैश आ गया लेकिन मजाज़ ने सब्र से काम लिया और चुपके से

कहा, "हम तुम्हें 'नया अदब' का ख़रीदार बनाने आए थे।" बैरिस्टर साहब ने रिसाला ले लिया और जेब से एक पर्चे का दाम छः आने निकालकर मजाज़ को देने लगे। अब मजाज़ का भी चेहरा तमतमा उठा, "मोटर उठाने की मज़दूरी दे रहे हो? पर ये भी रख लो।" और वाक़ई बैरिस्टर साहब ने पैसे जेब में रख लिए, और मोटर स्टार्ट कर दी। हम कुछ अपने किए पर शर्मिंदा थे और कुछ बैरिस्टर साहब की हरकत पर नाख़ुश। ख़ून के घूँट पीकर चुप हो रहे और आगे चल दिए, लेकिन दिल ही दिल में बैरिस्टर साहब का शजरानसब दुहराया। अगर तबक़ाती हम-आहंगी न हो तो फ़िक्री हम-आहंगी ज़रूरी है। अगर वो भी न हो तो फिर दोस्ती नहीं हो सकती। उस दिन से बैरिस्टर साहब का नाम हमारे दोस्तों की फ़ेहरिस्त से कट गया।

लाल बाग़ और बिशेश्वरनाथ रोड पर दो-तीन दरवाज़े खटखटाए लेकिन वहाँ किसी से मुलाक़ात न हो सकी। अब भूख के मारे बुरा हाल था, और थकान भी महसूस हो रही थी, लेकिन हम अपनी नामालूम मंज़िल की तरफ़ बढ़ने पर मजबूर थे।

हज़रतगंज से गुज़रते हुए हमें बार (मैख़ाने) के सामने बैरिस्टर साहब की मोटर खड़ी हुई दिखाई दी। उसे नज़रअंदाज़ करके हम लोग एक लेडी डॉक्टर के दरवाज़े पर पहुँच गए। उनके घर में बैठकर हम लोग बारहा अपनी नज़्में सुना चुके थे और यक़ीन था कि वो मिल गईं तो मायूसी नहीं होगी। हमारा नाम सुनकर वो ख़ुद बाहर निकल आईं और कहने लगीं, "इस वक़्त माफ़ी चाहती हूँ, घर में एक पार्टी है।" इस पर सिब्ते-हसन ने उन्हें 'नया अदब' पेश किया, उन्होंने पर्चा मुस्कुराकर ले लिया, और बग़ैर कुछ कहे अंदर चली गईं। हम समझे कि दरवाज़ा भी बंद हो गया। लेकिन अभी चंद मिनट भी नहीं गुज़रे थे कि वह फिर बाहर निकल आईं, उनके हाथ में पच्चीस रुपये का चेक था। उस वक़्त अगर इस अतिये के बजाय वो हमें छः रुपये नक़द देतीं तो ज़्यादा खुशी होती। हमने उनका बेइंतहा शुक्रिया अदा किया, और दूसरे दिन अपनी नई नज़्में सुनाने का वादा करके आगे बढ़ गए।

अब कहाँ जाएँ और क्या करें। रात के नौ बज चुके थे, हज़रतगंज की रौशनियाँ जगमगा रही थीं, रेस्टोराँ हमें बुला रहे थे, लेकिन हमारी जेब में सिर्फ़ एक पच्चीस रुपये का चेक था।

हज़रतगंज से हमारे क़दम बनारसी बाग़ की तरफ़ बढ़ने लगे। वहाँ हमारे एक बड़े बेतकुल्लुफ़ दोस्त डिप्टी कलेक्टर रहते थे, जो कुछ दिन के लिए लखनऊ आए थे। उनके नौकर ने हमें देखते ही कहा कि डिप्टी साहब घर पर नहीं हैं, और हम बग़ैर किसी सवाल-जवाब के घर वापस हो गए। अभी थोड़ी दूर गए थे कि नौकर दौड़ता हुआ आया और कहने लगा कि "डिप्टी साहब घर ही में हैं, आपको बुला रहे हैं।" उम्मीद के चिराग़ की लौ फिर ऊँची हो गई लेकिन वहाँ जाकर पहले से ज़्यादा मायूसी हुई। डिप्टी कलेक्टर साहब के कोई अज़ीज़ अपने किसी दोस्त का

इंतज़ार कर रहे थे। उन्होंने हमसे माज़रत की और हमने उनसे।

अब भैसाकुंड वापस जाने के सिवा कोई सूरत बाक़ी नहीं थी। भूख और थकान ने नाकामी की वजह से और ज़्यादा निढाल कर दिया। यहाँ से मजाज़ का घर भी दूर था और फिरंगी महल और भी ज़्यादा दूर जहाँ फ़रहतुल्ला और हयातुल्ला अंसारी रहते थे। रफ़ी साहब के घर का फ़ासला भी अच्छा-ख़ासा था। एक बार ख़याल आया कि अपने वाइस चांसलर शेख़ हबीबुल्ला ख़ाँ साहब के घर जाकर खाना खा लें। उसके दरवाज़े हमारे लिए हर वक़्त खुले रहते थे, लेकिन ये अजीब बात है कि जब अपने पास खाने को हो तो माँगने की ज़रूरत नहीं पड़ती और न हो तो फिर एक शफ़ीक और मेहरबान उस्ताद का घर भी अजनबी लगने लगता है। जी चाह रहा था कि कोई पहचानने वाला अपनी मोटर में गुज़रे और हमें घर तक पहुँचा दे।

दूर से एक इक्का आता हुआ दिखाई दिया। हम लोगों ने अपनी जेबें टटोलीं। कहीं एक चौखुंटी दुअन्नी पड़ी हुई मिल गई और एक जेब से एक खोटी इकन्नी निकल आई। इतनी देर में इक्का क़रीब आ गया। इक्केवाले की गोद में एक बच्चा था और दूध की बोतल पास रखी थी। उसने बताया कि बच्चे की माँ मर चुकी है और वह दिन भर बच्चे को अपने साथ इक्के में लिए फिरता है। हमने पूछा, "भैंसाकुंड तक पहुँचाने का क्या लोगे?" उसने तीन आने माँगे, हमने दो आने पर मुआमला तय करना चाहा और आख़िर में यह भी कह दिया कि भई एक खोटी इकन्नी भी है। उसने लगाम घोड़े की पीठ पर झटक दी और ये कहता हुआ चला गया, "मियाँ क्यों मज़ाक़ कर रहे हैं।"

हज़रतगंज में कॉफ़ी हाउस के सामने से होते हुए जब हम घर की तरफ़ मुड़े तो एक ताड़ीख़ाना यकायक सामने आ गया। हवा में फैली हुई ताड़ी की ख़ुशबू ने हमें दावत दी और हमारे क़दम ख़ुद-ब-ख़ुद रुक गए। मजाज़ ने कहा, "यार ताड़ी कभी नहीं पी है, क्या मज़ा आता है?" मगर हममें से किसी ने भी ताड़ी नहीं पी थी। मैंने ताड़ी की ग़रीबपरवरी का क़सीदा पढ़ा और सिब्ते-हसन ने उसकी ग़िज़ाई ख़ूबियों पर रौशनी डाली, और मजाज़ यह दरयाफ़्त करने के लिए अंदर घुस गए कि अच्छी दुवन्नी और एक खोटी इकन्नी में कितनी ताड़ी मिल सकती है। चंद लम्हों में मजाज़ की आवाज़ आई और मैं और सिब्ते-हसन ख़ुशी से फूले नहीं समाए। लेकिन हमारा अंदर क़दम रखना था कि मालूम हुआ जैसे ताड़ीख़ाने पर बिजली गिर पड़ी। दो-तीन पीनेवाले ख़ौफ़ज़दा नज़रों से हमें देखने लगे और ताड़ीख़ाने का मालिक हाथ जोड़कर सामने खड़ा हो गया और उज़्र करने लगा कि "मैं वक़्त ख़त्म होने के बाद ताड़ी नहीं बेचता हुज़ूर। ये दो-तीन आदमी देर से बैठे हैं और घर जाने का नाम नहीं लेते।" दरअस्ल उसे भी इक्केवाले की तरह हमारे खद्दर के कपड़ों से धोखा हुआ, और वो हमें सरकारी आदमी समझकर माज़रत करने लगा। कांग्रेस की पहली

विज़ारत आने के बाद बड़े-बड़े सेठ-साहूकारों के अलावा ख़ुफ़िया पुलिस के लोगों ने भी खद्दर पहनना शुरू कर दिया। हमने लाख समझाने की कोशिश की, ख़ुशामद की, लेकिन वो टस से मस न हुआ।

आख़िर हम तीनों थके हारे घर वापस आ गए, लेकिन अंदर क़दम रखते ही मालूम हुआ हमारे नौकर मुहम्मद ने कोई करिश्मा दिखाया है। बावर्चीख़ाने से निहायत इश्तहाअंगेज़ ख़ुशबू और कबाब तलने की आवाज़ ने हमारा इस्तक़बाल किया।

मैंने पुकारकर पूछा, "मुहम्मद, क्या किसी सी.आई.डी. वाले को ज़िबह कर लिया?" उसने बावर्चीख़ाने से निकलकर हँसते हुए मेज़ की दराज़ की तरफ़ इशारा किया। हमने दराज़ खोली तो मालूम हुआ कि तीन सौ का मनीआर्डर आया है और वो भी तार के ज़रिये से जो हमारी अदम-मौजूदगी में मुहम्मद ने वसूल कर लिया था।

कानपुर के तालिब-इल्मों और मज़दूरों ने 'नया अदब' के पचास ख़रीदार बनाए थे, और कुछ अतियात जमा किए थे।

तीसरी रात

ये जुनूने-इश्क़ के अंदाज़ छुट जाएँगे क्या

दूसरी आलमगीर जंग को शुरू हुए एक साल से ज़्यादा हो गया था। स्पेन की जम्हूरियत को ख़त्म करने के लिए हिटलर और मुसोलिनी ने जिन हथियारों की आज़माइश की थी, अब वो इंगलिस्तान और फ्रांस के ख़िलाफ़ इस्तेमाल हो रहे थे। चैम्बरलेन ने सुडेटेनलैंड के ख़िलाफ़ जो बेवफ़ाई की थी उसकी क़ीमत ख़ून से अदा की जा रही थी। कांग्रेस के रहनुमाओं को जर्मन और इतालवी फ़ाशिज़्म से नफ़रत थी और वो योरोप की तहज़ीब, इतालवी और फ्रांसीसी जम्हूरियत को लोहे और खून के सैलाब में ग़र्क होते नहीं देख सकते थे। लेकिन वो जिनकी जम्हूरियत और तहज़ीबी रिवायात से हमें हमदर्दी थी, हम पर हुकूमत कर रहे थे और ज़ाहिर है कि एक ग़ुलाम हिंदुस्तान बर्तानिया की मदद करने से क़ासिर था। चुनाँचे कांग्रेस की विज़ारत जो सन् 1937 में बनी थी, मुस्तफ़ी हो चुकी थी, गाँधीजी की रहनुमाई में इनफरादी सत्याग्रह जारी थी, गोरखपुर की अदालत में पंडित जवाहरलाल नेहरू के बयान ने सारे मुल्क में एक आग सी लगा दी थी। हिंदुस्तान आज़ादी को नाक़ाबिल समझता था और इसलिए बर्तानवी आज़ादी की हिफ़ाज़त के साथ-साथ अपनी आज़ादी का भी मुतालबा कर रहा था, लेकिन बर्तानवी सम्राज हमारी आज़ादी का हामी नहीं था। चुनाँचे, रोज़ाना कोई न कोई कौमी रहनुमा गिरफ़्तार होता था और हर गिरफ़्तारी पर लखनऊ यूनिवर्सिटी के तालिबे-इल्म एहतिजाज करते थे।

मैं एम.ए. के आख़िरी साल का तालिबे-इल्म था, और यूनिवर्सिटी यूनियन का सेक्रेट्री। इसलिए एहतिजात की तंजीम की तमाम ज़िम्मेदारी मुझ पर थी। मैंने घर छोड़कर जहाँ मजाज़ और सिब्ते-हसन रहते थे हबीबुल्लाह होस्टल को अपना क़िला बना लिया था। गोमती के साहिल पर यूनियन की इमारत में मेरा आफ़िस था जहाँ बैठकर हड़ताल और एहतिजाज के नक़्शे तैयार होते थे।

पहले हड़तालें हुईं। फिर यह महसूस करके कि उससे तालीम का नुक़सान होता है, एक नया रास्ता निकाला गया। जब किसी क़ौमी रहनुमा की गिरफ़्तारी की जाती तो दिन के बारह बजे सारी यूनिवर्सिटी में सीटियाँ बजने लगतीं और हर क्लास में तालिबे-इल्म उठकर खड़े हो जाते और तालीम बंद हो जाती। वो पाँच मिनट तक

एहतिजाज के तौर पर खड़े रहते और फिर बैठ जाते।

एक दिन मेरे एक बड़े मुहतरम उस्ताद ने मुझे अपने घर बुलाकर कहा, पुलिस तुम्हारी तलाश में है। यूनिवर्सिटी की हड़तालों के अलावा फ़ौजी भर्ती के ख़िलाफ़ मेरी एक नज़्म भी सरकार की निगाहों में क़ाबिले-एतराज़ थी। उस दिन के बाद से मैंने यूनिवर्सिटी के इलाक़े से बाहर जाना तर्क कर दिया, अभी तक एक तालीमी इदारे का इतना एहतराम था कि पुलिस अंदर दाख़िल नहीं होती थी। सी.आई.डी. के लोग यूनियन की इमारत के सामने मंकी ब्रिज के पास खड़े नज़र आते थे, और मैं उनकी निगाहों के सामने से गुज़र जाता था।

इस दौरान में एक निहायत इश्तिआलअंगेज़ वाक़िया हुआ, ख़बर आई कि देहली यूनिवर्सिटी के चांसलर सर मारिस ग्वायर ने सियासी तहरीक में हिस्सा लेने के जुर्म में दो तालिब-इल्मों की डिग्री ज़ब्त कर ली है। लखनऊ यूनिवर्सिटी में नवंबर सन् 1947 में कन्वोकेशन होनेवाला था और सर मारिस ग्वायर (जो हिंदुस्तान के चीफ़ जस्टिस थे और गाँधीजी के दोस्त भी मशहूर थे) ख़ुतबा पढ़ने आ रहे थे। फ़ौरन तालिब-इल्मों की पंचायत बैठ गई, और फ़ैसला हुआ कि जब तक देहली यूनिवर्सिटी के तालिब-इल्मों की डिग्री वापस न मिल जाए, उस वक़्त तक सर मारिस ग्वायर हमारे यहाँ ख़ुतबा नहीं पढ़ेंगे। ख़ामोशी से सारी तैयारियाँ की गईं और जिस दिन वो यूनिवर्सिटी में आए, तालिब-इल्मों ने मुकम्मल हड़ताल कर दी और पुरजोर नारों से उनका ख़ैर-मक़दम किया गया। इन नारों के ग़ैज़ो-ग़ज़ब से बचने के लिए हमारे मुहतरम मेहमान को पोलिटिकल साइंस डिपार्टमेंट के एक कमरे में पनाह लेने पर मजबूर होना पड़ा। मुझे अंदर बुलाया गया और प्रोफ़ेसर सिद्धांत ने जो मेरे शफ़ीक़ उस्ताद थे, दरयाफ्त किया कि हम लोग क्या चाहते हैं। मैंने तालिब-इल्मों का नुक़्त-ए-निगाह पेश किया। इस पर सर मारिस ग्वायर ने निहायत ख़ंदापेशानी से कहा कि वो वापस जाने के लिए तैयार हैं लेकिन सवाल यह था कि तालिब-इल्म उन पर हमला तो नहीं करेंगे। मैंने उनकी हिफ़ाज़त की ज़िम्मेदारी ले ली। लड़कों और लड़कियों ने दो क़तारों में तक़सीम होकर मोटर तक जाने का रास्ता बना दिया और सर मारिस ग्वायर को इज़्ज़त और एहतराम के साथ रुख़सत कर दिया।

हम इस फ़तह पर नाज़ाँ थे लेकिन लखनऊ के सरकारी हलक़ों में एक क़यामत बरपा हो गई। कहा जाता है कि ख़ुद सूबे के अंग्रेज़ गर्वनर ने हमारे वाइस चांसलर को हिदायत दी कि मुझे और दूसरे तालिब-इल्मों को यूनिवर्सिटी से निकाल दिया जाए। लेकिन शेख़ हबीबुल्ला साहब ने इस इक़दाम से इनकार कर दिया, और अपने तौर पर सजा देने का वादा किया लेकिन आख़िर में थोड़ी सी बाज़पुर्स करके हमें माफ़ कर दिया। जिस दिन ये फ़ैसला गया उस दिन वाइस चांसलर के दफ़्तर के सामने तालिब-इल्मों का एक बड़ा ज़ोरदार जलसा हुआ, मजाज़ भी कहीं से आ गए, और अहाते की दीवार पर खड़े होकर नज़्म सुनाने लगे—

मुसाफ़िर भाग वक़्ते-बेकसी है
तिरे सर पर अजल मँडरा रही है

और सारी फ़िज़ा नारों से गूँज उठी। सड़क के दूसरी तरफ़ यूनिवर्सिटी की सरहद के बाहर सी.आई.डी. के सादापोश लोग खड़े हुए थे और आफ़िस के बरामदे में हबीबुल्ला साहब, प्रोफ़ेसर सिद्धांत और दूसरे प्रोफ़ेसर। इसके बाद कोई शुबहा नहीं रह गया कि यूनिवर्सिटी के नौजवान तालिब-इल्म ही नहीं बल्कि उस्ताद भी क़ौमी तहरीके-आज़ादी के साथ थे। आख़िर एक दिन मुझे स्टूडेंट्स फ़ेडरेशन की एक ज़रूरी मीटिंग के लिए यूनिवर्सिटी के इलाक़े से बाहर निकलना पड़ा। मीटिंग के बाद जब मैं गंगा प्रसाद मेमोरियल हॉल की सीढ़ियों से नीचे उतर रहा था तो सी.आई.डी. के एक इंस्पेक्टर ने मुझे गिरफ़्तार कर लिया। मुक़ामी थाने में मेरी तलाशी ली गई, तो मेरी जेबों से सियासी दस्तावेज़ों के बजाय चंद तस्वीरे-बुताँ, चंद हसीनों के ख़ुतूत की क़िस्म की चीज़ें बाहर निकलीं। मेरे इसरार और एहतिजाज के बावजूद पुलिस इंस्पेक्टर ने किसी लड़की के हाथ का लिखा हुआ मुहब्बतनामा और उसकी तस्वीर वापस करने से इनकार कर दिया। गिरफ़्तारी की मुझे कोई परवाह नहीं थी, लेकिन वो ख़त और वो तस्वीर। ये अपनी जगह एक दुनिया थी, जो सिर्फ़ मेरी थी और उसमें किसी अजनबी को दाख़िल होने का हक़ नहीं था।

शाम होते-होते मुझे लखनऊ डिस्ट्रिक्ट जेल में मुंतक़िल कर दिया गया। मैंने पहली बार ज़िंदाँ की भूरी उदास दीवारें और मग़रूर आहनी सलाख़ें देखीं जो मेरे चारों तरफ़ खड़ी हुई थीं। उस रात मैंने बड़ी शिद्दत से महसूस किया कि गोमती कितना ख़ूबसूरत लफ़्ज़ है, लखनऊ में क्या लताफ़त है, उसके इलाक़ों के नाम कितने रोमांटिक हैं, क़ैसरबाग़, हज़रतगंज, चाँदबाग, बादशाह नगर, डालीगंज। यूनिवर्सिटी की इमारतें बाग़ों से आरास्ताँ हैं, फूल ख़ूबसूरत, चेहरे, नौजवाँ क़हक़हे, बेफ़िक्री, बेक़रारी, मुल्क की आज़ादी की लगन, और एक अनदेखी-अनजानी दुनिया की ज़ेहनी तलाश। और उस जज़्बे में शायरी, सियासत, इश्क़ सब मिलकर एक हो गए हैं। शायद इसीलिए इंस्पेक्टर ने एक तस्वीर और एक मासूम ख़त मुझसे छीन लिया था।

जेलर गठे हुए जिस्म का एक पिस्ताक़द आदम था, जिसकी बड़ी-बड़ी मूँछें उसके नीचे के होंठों पर झुकी रहती थीं और पानी पीने के लिए उसे अपनी मूँछों को हाथ से ऊपर उठाना पड़ता था, फिर भी कुछ बाल पानी में डूब जाते थे। उसका तकिया-कलाम था, "मैं बहुत दुखी हूँ। विधवा बहन है और एक बेटी की शादी करनी है।" अपना दुख वो हर क़ैदी से बयान करता था और हद यह है कि जिस दिन एक क़ातिल को फाँसी हुई उस दिन भी ज़ेलर ने हमारे सामने अपना दुख बयान कर दिया। गोया उसकी फाँसी, विधवा बहन की मुसीबत और जवान बेटी की शादी तीनों का बड़ा गहरा तअल्लुक है।

पुलिस इंस्पेक्टर ने मुझे जेलर के सुपुर्द किया और मेरे काग़ज़ात उसके सामने बढ़ा दिए। मेरा नाम पढ़कर जेलर ने मुझे सर से पाँव तक देखा और दया से अपनी

कुर्सी से उठ खड़ा हुआ और इंस्पेक्टर से कहा, "जाफ़री साहब तो बहुत बड़े आदमी हैं और आप इनको कौन-सी क्लास में रखना चाहते हैं?" मेरी समझ में नहीं आया कि जेलर ने ये राय कैसे क़ायम की। शायद वो हर सियासी क़ैदी को बड़ा आदमी समझता होगा। इंस्पेक्टर ने कहा, "इसीलिए तो मैं उन्हें जेल में ले आया हूँ। कल इतवार है, बी क्लास का आर्डर परसों तक आएगा, सोचा लॉक-अप में तकलीफ़ होगी, जेल में आराम से रहेंगे।"

जेलर ने मुझे कुर्सी पेश की और काग़ज़ात पर दस्तख़त करके इंस्पेक्टर को वापस कर दिया। अब उसने मुझसे अपना दुख बयान किया और फिर पूछा, कि "आप इस चक्कर में कैसे फँस गए?" मुझे सवाल मोहमव मालूम हुआ, और मैंने उसे झिड़क दिया।

थोड़ी देर बाद मुझे सी क्लास बैरक में पहुँचा दिया गया। जेल की चहारदीवारी के अंदर एक चहारदीवारी थी, और उसके अंदर एक बड़ी-सी बैरक जिसमें दस-बारह लंबी-लंबी खिड़कियाँ थीं और मोटी-मोटी सलाखें। खिड़कियों के सामने दोरूया क़ब्रें बनी हुई थीं और हर क़ब्र पर एक कंबल बिछा हुआ था, गोया ये क़ैदियों के बिस्तर थे। दरवाज़े पर एक अंधी लालटेन लटक रही थी, और वार्डर मोटा-सा डंडा लिए खड़ा था। क़ैदियों की सूरतें देखकर मुझे अंदाज़ा हो गया कि मैं कहाँ हूँ, दो-तीन के पैरों में कड़े और जंज़ीरें भी पड़ी हुई थीं जो करवट लेते वक़्त बजने लगती थीं। एक क़ब्र मेरे हिस्से में भी आई। कंबल के अलावा एक लोहे का तसला और एक टीन का तामलोट भी इनाम में मिला। कई क़ैदियों ने अपनी-अपनी क़ब्रों से सर उठाकर मुझे देखा और मेरी सफ़ेदपोशी से मायूस हो गए। वार्डर ने मेरे पास आकर बड़े अदब से मुख़ातिब किया जिसकी मुझे तवक़्क़ा नहीं थी, और सी क्लास के क़ानून के ख़िलाफ़ मुझे बीड़ी पेश की, और फिर मैं सोचने लगा कि उन लोगों को मुझमें कौन से सुरख़ाब के पर नज़र आते हैं, आख़िर मेरी इतनी ख़ातिरें क्यों हो रही हैं।

मैं सख़्त खुरदरे कंबल पर बैठा हुआ था कि बैरक का दरवाज़ा खुला और जेलर की बड़ी-बड़ी मूँछें अंदर दाख़िल हो गईं। उनके साथ एक वार्डर था, उसने मेरी दो-तीन किताबें उठा लीं और जेलर साहब अपने मसाइब बयान करते हुए मुझे बैरक से बाहर निकाल लाए। मालूम हुआ कि मेरा तबादला बी क्लास में किया जा रहा है। "साहब सी क्लास तो चोर-बदमाशों के लिए होता है। इंस्पेक्टर की ऐसी-तैसी, मैं आपको बी क्लास में रखूँगा। अगर कर्नल साहब को मालूम हो गया कि आप यहाँ हैं तो बड़ी मुश्किल हो जाएगी, और आप तो जानते हैं, मैं बड़ा दुखी हूँ। एक विधवा बहन है और एक लड़की की शादी करनी है।" मैं हैरान था कि ये कर्नल साहब कौन हैं, जिनके ख़ौफ़ से मजिस्ट्रेट के हुक्म के बग़ैर मुझे सी क्लास से बी क्लास में मुंतक़िल किया जा रहा है।

बी क्लास की बैरक में पहुँचकर तबीयत बाग़-बाग़ हो गई और मैं थोड़ी देर

के लिए खोई हुई तस्वीर और ख़त को भूल गया। वहाँ डॉक्टर हुसैन ज़हीर और सी.बी. गुप्ता पहले से मौजूद थे। दोनों रमी खेल रहे थे और ताश के पत्ते उनके हाथ में थे। जब वो उठकर खड़े हुए तो सी.बी. गुप्ता के कंबल के नीचे से जो वो ओढ़े हुए थे, एक जोकर तड़पकर बाहर आ गया और ज़मीन पर गिरकर हँसने लगा।

बराबर की दूसरी बैरक में सरदार चंद्रसिंह गढ़वाली थे, जिन्होंने पेशावर में पठानों पर गोली चलाने से इनकार किया था, और अब उम्रक़ैद की सज़ा काट रहे थे। उम्रक़ैद के तीन और क़ैदी भी वहाँ थे—डॉक्टर गयाप्रसाद, जयदेव कपूर और शिव वर्मा। ये तीनों सरदार भगतसिंह के साथी थे, और एक लंबी भूख-हड़ताल के बाद काले पानी से हिंदुस्तान वापस लाए गए थे। उन्होंने अपनी बैरक से पुकार-पुकारकर बुलंद आवाज़ों से मेरा ख़ैर-मक़दम किया।

यह मेरी ज़िंदगी में जेल की पहली रात थी, लखनऊ की हलकी गुलाबी जाड़ों की सैकड़ों रातों की तरह ठंडी और ख़ुशगवार। डॉक्टर हुसैन ज़हीर और सी.बी. गुप्ता इसके आदी हो चुके थे और इसलिए बिस्तर पर लेटते ही सो गए। लेकिन मुझे इसका भयानकपन महसूस हो रहा था, ऐसा लग रहा था जैसे वक़्त ठिठककर खड़ा हो गया है, और सिर्फ़ सन्नाटा है, जिसमें दिल की धड़कन ही नहीं, पलकों के झपकने की आवाज़ भी सुनी जा सकती है। यकायक सन्नाटा टूट गया, ख़ामोशी चीख़ उठी, किसी के क़दमों की चाप के साथ लोहे की सलाख़ों पर हथौड़ी की करख़्त आवाज़ खट-खट-खट करती गुज़र गई, और सारी जेल अजीबो-ग़रीब नारों से गूँज उठी, "ताला, जंगला, बेल, लालटेन सब ठीक है।" पहली बार मालूम हुआ कि बेल का ख़ूबसूरत लफ़्ज़ जंज़ीर के लिए भी इस्तेमाल हो सकता है, और मेरी यादों में इश्क़-पेचाँ की हरी-हरी नाज़ुक बेलें फैल गईं, जिनमें नन्हे-नन्हे सुर्ख़ फूलों के हज़ारों चिराग़ जल रहे थे।

ज़िंदगी कितनी हसीन है, हरे-भरे दरख़्तों के साये में फूलों की क्यारियाँ महक रही हैं, गुलाब की अधखिली कलियों पर शबनम के क़तरे जम गए हैं, घड़ों का पानी बेहद ठंडा है, घास पर दूर तक मोती ही मोती बिखरे हुए हैं, शकुंतला जसपाल के बाल जुगनू की तरह शानों पर लहरा रहे हैं, अनवर जमाल क़िदवाई बहकी-बहकी बातें कर रहा है, उसकी आँखों में वहशत और होंठों पर मुस्कुराहट है, हैज़ल बाब लड़कों के हजूम में खड़ी हुई है, ग़ौस मुहम्मद टेनिस खेल रहा है, मजाज़ गौहर सुल्तान को अपनी ख़ामोश मासूम निगाहों से तके जा रहा है। यूनिवर्सिटी में क्रिकेट हो रहा है, ताँगों में सवार और साइकिलों पर बैठी हुई लड़कियाँ रात के अँधेरे में हज़रतगंज से कैलाश होस्टल और चाँदबाग़ वापस जा रही हैं। लैम्प जल रहे हैं, शेख़ हबीबुल्लाह अनोखी अंग्रेज़ी बोल रहे हैं, तजईन हबीबुल्लाह बेवजह खिलखिलाकर हँस रही है, अंसार हरवानी और मुंशी बलराम सिंह सर जोड़े बैठे हैं, अली जवाद ज़ैदी नज़्म सुना रहा है—"सागर तट पर बैठे-बैठे तू क्यों लहरें गिनता है?" तालिब-इल्मों का जुलूस निकल रहा है, झंडे लहरा रहे हैं, सुबुक-ख़राम गोमती अज़ली और अबदी रफ़्तार

से बहती चली जा रही है, उसके किनारों की झाड़ियों में आँचल उलझ रहे हैं, रेत पर क़दमों के निशान मिट रहे हैं और बिगड़ रहे हैं, मैं बहती हुई मौजों के क़रीब रेत के ढाल पर बैठा हुआ अपनी खोई हुई तस्वीर को मना रहा हूँ—

ये ठीक है कि तुम्हें देर हो रही है मगर
ज़रा सी देर में क्या है, अभी चली जाना
अभी हवाओं में उड़ता है शाम का आँचल
अभी तो रात की आँखों में भी ख़ुमार नहीं
सेहर के वक़्त से जो उड़ रही थीं वो चिड़ियाँ
अभी तो लौट के आई हैं आशियानों में
वो अपने गीत सुना लें तो फिर चली जाना

सूरज डूब रहा है, शाम शफ़क़ में तब्दील हो रही है, आसमान से गुलाबी रंग की बारिश हो रही है, यूरोप से चाँद निकल रहा है—

वो देखो मौलसिरी के दरख़्त के पीछे
उफ़क़ की गोद में रखा हुआ है चाँद का सर
वो देखो रात की आग़ोश में सिमट आई
उरूसे शाम की दोशीज़गी व रानाई
लिपटके सो गया सूरज ज़मीं के सीने का।

शफ़क़ का रंग तमतमाए हुए रुख़सारों में तहलील हो रहा है। शाम आँखों में डूब रही है, सिर्फ़ सितारे तमाशाई हैं—

ये नाचते हुए तारे, ये नाचती हुई रात
ये नाचती हुई नौखेज़ चाँद की किरनें
ये गुनगुनाती हुई नर्म-री हवा, ये फ़िज़ा
ये मेरे ख़ून की गरदिश, ये धड़कनें दिल की
तुम्हें भी होती हैं महसूस या नहीं होतीं

लेकिन वहाँ सिर्फ़ एक ख़ामोशी है, एक बेचैन और उदास ख़ामोशी, चाँदनी ने उसे और ज़्यादा पुरअसरार बना दिया है, एक अनजाना ख़ौफ़ चारों तरफ़ से घेर लेता है, हम क़रीब हैं, हाथ में हाथ है फिर भी एक अजीबो-ग़रीब दूरी है।

हमारे बीच में घायल वो आग है कि जिसे
हमारी आँख के आँसू बुझा नहीं सकते
बरहना-पा हमें इस आग पर गुज़रना है
इसी में तप के हमें एक दिन निखरना है
न जाने तुम मिरी बात समझती हो कि नहीं

यकायक सुबह हो गई और उसके उजाले में ख़्वाबो-ख़याल के सारे किरदार खो गए, जेल की चाय, जेल के अहबाब, जेल के वार्डर ...

दस बजे के क़रीब ख़बर मिली कि "मुलाक़ात आई है।" मैं जल्दी से तैयार होकर फाटक पर पहुँचा। मजाज़ और सिब्ते-हसन मिलने आए थे, और उनके साथ वो लड़की भी थी। आँखें सूजी हुई थीं और रात भर रोने की वजह से गुलाबी हो गई थीं, फिर भी होंठों पर मोनालिज़ा की मुस्कुराहटें थीं।

उसने वार्डर की आँख बचाकर जल्दी से एक लिफ़ाफ़ा मुझे दे दिया, फिर सिगरेट और चाय के डिब्बे दिए, मजाज़ ने उसकी तस्वीर और ख़त मुझे दिया जो इंस्पेक्टर ने छीन लिया था। मजाज़ शाम को मेरी तलाश में पुलिस स्टेशन गया था और जब इंस्पेक्टर जेल से वापस हुआ तो मजाज़ ने उसे नज़्में सुनाईं और तस्वीर और ख़त वसूल करने में कामयाब हो गया, यही नहीं बल्कि इंस्पेक्टर के हिसाब में मजाज़ ने किसी मैख़ाने में बैठकर शराब भी पी। लड़की ने मजाज़ को बड़ी एहसानमंद निगाहों से देखा और मुझसे पूछा कि "तुम किस क्लास में हो?" क़ब्ल उसके कि मैं जवाब देता सिब्ते-हसन और मजाज़ लड़की के साथ मिलकर हँसने लगे। उन्हें जेलर से वो लतीफ़ा मालूम हो गया था, जो अब तक मेरे लिए राज़ था। मुझे ग़लती से जेल के सुपरिंटेंडेंट कर्नल जाफ़री का दामाद समझ लिया गया था, और इसीलिए सी क्लास से बी क्लास में मुंतक़िल कर दिया गया था। मेरी गिरफ़्तारी से दस-बारह दिन पहले कर्नल जाफ़री की बेटी की शादी हमारे अलीगढ़ के एक साथी और दोस्त सईद जाफ़री, आई.सी.एस. से हुई थी, जिसमें जेल का सारा स्टाफ़ शरीक हुआ था, और जब मैं जेल में आया तो हमारे मुसीबतज़दा जेलर ने सईद जाफ़री और सरदार जाफ़री को एक ही समझ लिया। हम सब देर तक इस लतीफ़े से लुत्फ़अंदाज़ होते रहे। रुख़सत होने के कुछ पहले सिब्ते-हसन ने अपना बैग खोला और एक काग़ज़ निकालकर मुझे 'नया अदब' का नया एडिटोरियल सुनाने लगे जो आइंदा इशाअत में शाया होगा। एडिटोरियल मेरे बारे में था और ग़ालिब के दो शेरों से शुरू हुआ था—

ख़ानाज़ादे-ज़ुल्फ़ हैं जंज़ीर से भागेंगे क्या
है गिरफ़्तारे-बला ज़िंदाँ से घबराएँगे क्या
गर किया नासिह ने हमको क़ैद अच्छा यूँ सही
ये जुनूने-इश्क़ के अंदाज़ छुट जाएँगे क्या

सिब्ते-हसन संजीदा था। मजाज़ के बारीक होठों पर फुलझड़ी छूट रही थी। मैं बेइंतहा ख़ुश था, और वह जो उदास और ग़मगीन लड़की थी, उसने रुख़सत होने के बहाने से अपना हाथ मेरे हाथ में दे दिया, और मेरी आँखों में इस तरह आँखें डालकर देखा कि मेरे दिल में कोई शुबहा बाक़ी नहीं रह गया।

चौथी रात

देख आकर कूच-ए-चाके-गरेबाँ की बहार

वह रात बड़ी तूफ़ानी थी। दिसंबर 1941 का महीना था, और सर्द हवा का झक्कड़ चल रहा था। क़ंधारी लेन में हमारे घर के सामने खड़ा हुआ इमली का पुराना तनावर दरख़्त किसी अज़ीम और क़द्दावर देव की तरह झूम रहा था, उसकी शाख़ें एक-दूसरे से टकराती थीं और सायँ-सायँ की मुसलसल आवाज़ों के साथ छोटी-छोटी पत्तियाँ बरसने लगती थीं। हवा हज़ारों परों से परवाज़ कर रही थी। सड़कों की बिजली की बाज़ रौशनियाँ जो खंभों की बजाय तारों से लटकी हुई थीं, लंबी-लंबी पींगे ले रही थीं और साये दीवानावार नाच रहे थे। ख़ुद हमारे साये भी कभी पीछे और कभी आगे आकर नाचने लगते थे। रात अपने शबाब पर थी, और हमारे दिलों में एक एहसासे-फ़तहमंदी था। हम आल इंडिया रेडियो से नौवारिद शोअरा का मुशायरा पढ़कर वापस आ रहे थे।

नौवारिद शोअरा का मुशायरा मुंतज़िम आल इंडिया रेडियो, लखनऊ के स्टेशन डायरेक्टर सोमनाथ चिब माशूक़े-आशिक़पेशा, सदारत के फ़रायज़ शायरे-इंक़लाब जोश मलीहाबादी ने अंजाम दिए। आज ख़ुद उनके नज़्म सुनाने का कोई सवाल ही पैदा नहीं होता था। वह नौउम्र, तरक़्क़ीपसंद शायरों का कलाम सुनने आए थे। वजीह और सुर्ख़ो-सफ़ेद रंग, दिलनवाज़ और मासूम तबस्सुम, आँखों में शफ़क़त, मोहब्बत और ग़ुरूर, बाक़ी सारे अंदाज़ में एक बा-विक़ार रिंदी—

जोश की बहसे-सदारत में पसोपेश न कर
जोश तो क़िब्ल - ए - रिंदाने-जहाँ है साक़ी

मुशायरा सुननेवाले लखनऊ के साहिबाने-जौक़, वो भी जो नई शायरी के परस्तार थे और वो भी जिनके माथे पर बल पड़ रहे थे, आज वो देखने आए थे कि नौवारिद शोअरा पर क्या बीती है। उन्हीं के हुजूम में सज्जाद ज़हीर तरक़्क़ीपसंद तहरीक के बानी और मीरे-कारवाँ, अभी नौउम्र हैं, इंग्लिस्तान से तालीम ख़त्म करके वापस आए हैं, जेल में रह चुके हैं। बीमारी की वजह से रिहा कर दिए गए हैं, लेकिन चेहरे पर तालिब-इल्मी की मासूमियत बाक़ी है, भारी-भरकम जिस्म है, बहुत नाज़ुक हाथ

हैं, शख़्सियत में मिठास है। रज़िया उनकी बीवी हैं, गंदुमी रंग, छरेरा जिस्म, इलाहाबाद यूनिवर्सिटी से उर्दू में एम.ए. किया है। माया सरकार, महिला विद्यालय में अंग्रेज़ी पढ़ाती हैं, बंगाली हैं, लेकिन लखनऊ की नफ़ीस उर्दू बोलती हैं। प्रोफ़ेसर डी.पी. मुखर्जी, बंगाली ज़ुबान के मुस्तनद अदीब और नक़्क़ाद, मौसीक़ी के परस्तार, शेरो-शायरी के दिलदादा, इंतहाई तरक़्क़ीपसंद, लखनऊ यूनिवर्सिटी में मआशियात और समाजियात की तालीम देते हैं। बोलते हैं तो मुँह से फूल झड़ते हैं, नफ़ीस बंगाली धोती और कुर्ता पहन रखा है, कंधों पर एक कश्मीरी शाल है, होनहार तालिब-इल्मों की तलाश में रहते हैं और उन्हें अपने घर पर बुलाकर चाय पिलाते हैं। अपनी बातों से महज़ूज़ करते हैं, और किताबें पढ़ने के लिए देते हैं। उर्दू कम समझते हैं लेकिन बला की ज़हानत है, अच्छे और बुरे शेर में तमीज़ कर लेते हैं, उन्हें ख़ुशी है कि नौवारिद शोअरा में उनकी यूनिवर्सिटी का एक तालिब-इल्म भी है। अहमद अली जो अभी-अभी इंग्लिस्तान से वापस आए हैं, उर्दू में चंद अफ़साने लिखे हैं और अंग्रेज़ी में एक नाविल जिस पर फ़ास्टर का दीबाचा है, बड़े अदीब समझे जाते हैं। गौहर सुल्तान जिसके गले की धूम है। हयातुल्ला अंसारी उर्दू के मशहूर अफ़सानानिगार और 'हिंदुस्तान हफ़्तावार' के एडीटर, नए शायरों के तरफ़दार लेकिन नाक़िदाना अंदाज़ लिए हुए। अनवर जमाल क़िदवाई अपने मख़सूस बहके हुए अंदाज़ के साथ, सियासत में दिलचस्पी नहीं लेते, अदब की तख़लीक़ नहीं करते, लेकिन नज़रियाती और जज़्बाती तौर से दोनों के मुआमले में इंतहाई इंक़लाबी। और सिब्ते-हसन, सर से पाँव तक इश्क़ का मुजस्सिमा, किसी अफ़सानवी सरज़मीन के शहज़ादे की तरह जो जादू के महलों और बारादरियों से सोई हुई शहज़ादियों को जगा लाते हैं, हसीन चेहरा, जामा-ज़ेब जिस्म, नफ़ीस तरशे हुए होंठ, बड़ी-बड़ी बेक़रार आँखें और निहायत मुहज़्ज़ब और सुलझी हुई ज़ुबान। शायर उनके दोस्त नहीं, दरबारी हैं। इन सबके अलावा यूनिवर्सिटी के और भी असातज़ा और तालिब-इल्म और लखनऊ के क़दीम असातज़ा जामावार की शेरवानियाँ पहनकर आए हैं और दोज़ानू बैठे हैं। इससे पहले उर्दू अदब की तारीख़ में कभी बुज़ुर्ग और मुअम्मर शोअरा नौउम्र शायरों का कलाम सुनने नहीं आए थे।

सब हमा-तन-इंतज़ार हैं कि नौवारिद शोअरा सोमनाथ चिब के साथ अंदर दाख़िल होते हैं। ये इस अहद के बाग़ी हैं, सरफिरे, ऐशो-निशात के दिलदादा मगर कफ़न-बरदोश। ये अभी अज़ीम नहीं हैं, लेकिन इनके नाम अफसाने बन चुके हैं, उर्दू शेरो-अदब के नए धारे अब उनके नाम पर बहेंगे। ये नया जज़्बा, नया एहसास, नई ज़ुबान लेकर आए हैं, माज़ी का सारा विरसा इनके पास है, जदीद तालीम की आला-तरीन डिग्रियाँ इनके पास हैं, इसलिए क़दीम व जदीद का इम्तज़ाज इनके यहाँ ख़ुद-ब-ख़ुद पैदा हो गया है। ये पुराने हीरों को नई तरह तराश रहे हैं। हिज्रो-विसाल की दास्तानें इनको आती हैं। महबूब के वाद-ए-फ़र्दा की लज़्ज़त से वाक़िफ़ हैं। लेकिन हिंदुस्तान

की आज़ादी इनकी सबसे बड़ी महबूबा है और इस महबूबा के सामने नई शायरी पर एतराज़ करनेवालों की गर्दन भी झुक जाती है।

नौवारिद शोअरा की तरफ़ बेशुमार निगाहें उठती हैं, निगाहें जिनमें मुहब्बत की गर्मी है, निगाहें जिनमें सर्द-मेहरी है, आशिक़ाना निगाहें, रक़ीबाना निगाहें, लेकिन हर निगाह में एक सवाल है—कौन-कौन है?

ये मजाज़ है। ख़ुश-पोश मगर चाक-गरेबाँ, आँखों की गहरी उदासी में शोख़ी की बिजलियाँ चमक रही हैं। उसके बारीक होठों की नर्म शरीर मुस्कुराहट को लखनऊ में कौन नहीं जानता! उसके गले और शेर में बक़ौल फ़ैज़ के मुग़न्नी के नग़्मे का वफ़ूर है, जोश ने उसकी शख़्सियत की एक फ़िक़रे में समेट लिया है, "वो एक निगाह में दुनिया के सारे हुस्न को और एक घूँट में दुनिया की सारी शराब को पी जाना चाहता है।"

इस महफ़िले-कैफ़ो-मस्ती में इस अंजुमने-इरफ़ानी में
सब जाम-बकफ़ बैठी ही रहे, हम पी भी गए छलका भी गए।

और यह फ़ैज़ अहमद फ़ैज़ है, लाहौर के गली-कूचों की तख़लीक़। चेहरे की मुस्कुराहट उदास है, लेकिन आँखें नर्म और मुहब्बत भरी, आवाज़ में हल्का-सा गुदाज़ और शेरों में दिल की धीमी-धीमी आँच जो लफ़्ज़ों के संगीत को पिघलाकर रंग बना देती है और हर मिसरा एक पेंटिंग बन जाता है। एक हसीन व जमील तस्वीर जो दिल में आवेजाँ हो जाती है, तशबीहें व इस्तआरे नर्म-रौ शेरों के अंदर बिजलियों की तरह कौंधते है, और आँखें चकाचौंध हो जाती हैं, मगर ये वो बिजलियाँ हैं, जो सिर्फ़ फ़ैज़ नन्हे-नन्हे शरारे से बना सकता है—

दिल के ऐवाँ में लिए गुलशुदा शमों की क़तार
नूरे-ख़ुरशीद से सहमे हुए उकताए हुए
हुस्ने-महबूबे के सय्याल तसव्वुर की तरह
अपनी तारीकी को भींचे हुए लिपटाए हुए।

और यह जज़्बी है, सबसे बे-नियाज़ और सबसे उलझता हुआ, हिस्सास चेहरे पर उम्र भर के मसाइब और मुफ़लिसी की तल्ख़ी, आँखों में मुहब्बत की बेपनाह भूख और हसीन तरन्नुम में एक दोज़ कैफ़ियत जिसको उसकी आवाज़ की रची हुई सरशारी भी नहीं छुपा सकती। किसी का अहसान उठाने को तैयार नहीं है, ज़िंदगी को भी दुतकारता है और मौत को भी—

न आए मौत ख़ुदाया तबाह-हाली में
ये नाम होगा ग़मे-रोज़गार सह न सका

और यह मख़दूम मुहीउद्दीन है। हैदराबाद का इंक़लाबी, संगे-असवद से तराशा हुआ आबनूसी चेहरा, बुलंद पेशानी, शगुफ़्ता आँखें, मुस्कुराहट में गर्मजोशी और बातों में बेइंतहा यक़ीन और एतमाद, तरन्नुम बेपनाह है जिसमें सिर्फ़ निशात ही निशात है। इंक़लाब और रूमान के दोराहे पर खड़ा हुआ इंतज़ार कर रहा है। कहना मुश्किल है कि यह दकन की किसी साँवली सलोनी महबूबा का इंतज़ार कर रहा है या हिंदुस्तान की आज़ादी का—

रात भर दीद-ए-नमनाक में लहराते रहे
साँस की तरह से आप आते रहे जाते रहे
पत्तियाँ खड़कीं तो मैं समझा कि आप आ ही गए
सजदे मसरूर कि मस्जूद को वो पा ही गए
आ गई थी दिले-मुज़्तर में शिकेबाई सी
बज रही थी मिरे ग़मख़ाने में शहनाई सी

और यह जाँनिसार अख़्तर है। नौवारिद शोअरा के हुजूम में तनहा जिसे शायरी अपने वालिद मुज़्तर ख़ैराबादी से विर्से में मिली है; अपने-आपसे उलझा हुआ, ख़ुद ही संजीदा हो जाता है और ख़ुद ही मुस्कुराता है—

ये सितारे ये गगन ये सर्द फूल
आसमाँ जैसे जले लाशे की धूल
चाँद जैसे एक बे-उम्मत रसूल
दोस्त सब कुछ भूल जाने दे मुझे

और यह सरदार जाफ़री है। कृश्नचंदर का यह कहना है कि उसके चेहरे पर हँसते हथौड़े का निशान है, प्रोफ़ेसर मुहम्मद मुजीब की राय है कि वह रंगीन तस्वीरें नहीं बनाता बल्कि पत्थरों से बुत तराशता है—

सरमाये के सिमटे हुए होंठों का तबस्सुम
मज़दूरों के चेहरे की थकन है कि नहीं है
वह ज़ेरे-उफ़क़ सुब्ह की हलकी सी सफ़ेदी
ढलते हुए तारों का कफ़न है कि नहीं है
पेशानि-ए-इफ़लास से जो फूट रही है
उठते हुए सूरज की किरन है कि नहीं है

नौवारिद शोअरा के इस मुशायरे में नून. मीम. राशिद के भी आने की ख़बर थी जिसके सर उर्दू शायरी में आज़ाद नज़्म का सेहरा है, पितरस के नज़दीक वह एशिया का सबसे बड़ा शायर है। लेकिन यह हक़ीक़त है कि उर्दू ज़ुबान राशिद को कभी फ़रामोश नहीं करेगी।

मुशायरा ख़त्म होने के बाद जब हम आधी रात को घर पहुँचे तो आँधी और तूफ़ान का ज़ोर कुछ और बढ़ गया था, सर्दी भी बला की थी।

घर में फ़र्नीचर के नाम पर एक मेज़, बेद की चंद कुर्सियाँ और मूँज के तीन पलंग थे। उन्हें किनारे सरकाकर ज़मीन पर चटाइयों का फ़र्श बिछा दिया गया था। आतिशदान में आग जल रही थी, उसके ऊपर कार्निस थी और कार्निस के ऊपर दीवार पर स्पेन की एक मुजाहिद ख़ातून की बड़ी सी तस्वीर लगी थी। उसकी मुट्ठियाँ भिंची हुई थीं, सीना उभरा हुआ था, जिसकी दोशीज़गी को फ़ौजी लिबास भी नहीं छुपा सकता था, चेहरा आसमान की तरफ़ उठा हुआ था और होंठ शिद्दते-जज़्बात से ऐंठे हुए थे और तस्वीर के नीचे लिखा था 'टु डेथ'। दो अंधी बाल्टियों पर जलती हुई मोमबत्तियों की रौशनी में यह तस्वीर और भी ज़्यादा पुरहौसला और दिलावेज़ मालूम हो रही थी। कार्निस का साया तस्वीर के उभरे हुए सीने तक पहुँचता था और ऐसा मालूम होता था जैसे यह पुरजोश शक्ल मौत के अँधेरे से ज़िंदगी का पैग़ाम लेकर उभर रही है। एक तरह से वह तस्वीर हमारे रूमानी और इंकलाबी जज़्बात की तर्जुमान थी, हम भी मौत से नबर्द-आज़मा होना चाहते थे। स्पेन हमें अपना मुल्क मालूम होता था, क्योंकि वह फ़ासिज़्म के ख़िलाफ़ आज़ादी और इनसानियत के हसीन ख़्वाबों के लिए लड़ रहा था, स्पेन की आज़ादी अपनी आज़ादी थी और वह मुज़ाहिद ख़ातून आज की रात हमारी महफ़िल में शरीक थी और हिंदुस्तान की आज़ादी के मतवालों का हौसला बढ़ा रही थी—

कसे कि कुश्ता न शुद अज़ क़बील-ए-मा नेस्त

कमरे में सुकून था, आग और दिलों की हरारत थी। कभी-कभी बाहर चलनेवाली तूफ़ानी हवाएँ अपने हज़ारों हाथों से हमारे दरवाज़े को झिंझोड़ देती थीं, और खड़खड़ाहट की आवाज़ के साथ बाल्टियों पर जलती हुई शमओं की लवें थरथरा जाती थीं। हम बाल्टियों के गिर्द हलक़े बाँधे बैठे थे और जलती हुई मोमबत्तियों की नर्म रौशनी में एक दूसरे के जज़्बात और मुहब्बत से भरे चेहरों को देख रहे थे। जोश मलीहाबादी ज़्यादा देर तक क़िबल-रिंदाने-जहाँ के फ़राइज़ अंज़ाम न दे सके। रात को जागने के मामले में वो हमेशा कच्चे हैं। इसलिए जम्हाइयों ने उन्हें ज़्यादा सताया तो वो यह कहते हुए रुख़सत हो गए कि रात को जागना उल्लू की ख़ासियत है।

महफ़िल की गर्मी बढ़ती गई, दिलों का सुरूर बढ़ता गया, चेहरे ज़्यादा रौशन हो गए। अब यह फ़र्क़ करना मुश्किल था कि ये शायरी का दौर है, या जामों की गर्दिश। सब हमअस्र थे, सब नौवारिद थे, सब एक हलक़े में बैठे थे, सबका अलग-अलग अंदाज़ था, इनफ़रादियत पहचानी जाती थी, किसी क़िस्म के रश्क, हसद या माआसराना चश्मक का पता नहीं था, एक दूसरे की तारीफ़ें इस तरह हो रही थीं जैसे आशिक़-माशूक़ सरगोशियाँ कर रहे हों। फ़ैज़ ने कहा, "भई लाहौर में एक बहुत अच्छा शेर सुना

था, मालूम नहीं किसका है—

जब किश्ती साबितो-सालिम थी साहिल की तमन्ना किसको थी
अब ऐसी शिकस्ता किश्ती पर साहिल की तमन्ना कौन करे!

जज़्बी का उदास चेहरा फूलों की तरह खिल गया। ये जज़्बी का शेर था जो उससे पहले लाहौर पहुँचकर मशहूर हो चुका था। फ़ैज़ और जज़्बी गले मिले। अभी फ़ैज़ को बैठने की फ़ुरसत नहीं मिली कि जज़्बी ने बग़ैर किसी तमहीद के फ़ैज़ की नज़्म 'मौजू-ए-सुख़न' को अपने बेपनाह इंतहाई दिलगुदाज़ तरन्नुम के साथ पढ़ना शुरू कर दिया जो मैंने चंद माह क़ब्ल 'नया अदब' में शाया की थी—

गुल हुई जाती है अफ़सुर्दा सुलगती हुई शाम
धुल के निकलेगी अभी चश्म-ए-मेहताब से रात
और मुश्ताक़ निगाहों की सुनी जाएगी
और उन हाथों से मस होंगे ये तरसे हुए हाथ

बाहर हवाएँ चिंघाड़ रही थीं और अंदर जज़्बी का तरन्नुम तूफ़ान बरपा कर रहा था। फ़ैज़ के चेहरे पर एक मासूम और तशक्कुरआमेज़ मुस्कुराहट थी। एक शायर के लिए इससे बेहतर दाद और क्या हो सकती थी! जज़्बी ने पहला बंद पढ़ा था कि मजाज़ ने दूसरा बंद उठा लिया, और अपना राग छेड़ दिया—

उनका रुख़सार है, आँचल है कि पैराहन है
कुछ तो है जिससे हुई जाती है चिलमन रंगीं
जाने उन ज़ुल्फ़ों को मोहूम घनी छावों में
टिमटिमाता है वो आवेज़ा अभी तक कि नहीं

अब दोनों ने बारी-बारी एक-एक बंद गाकर नज़्म मुकम्मल की। जज़्बी के तरन्नुम का तार टूटने नहीं पाया था कि मखदूम का राग बुलंद हुआ। उसके हाथ में 'दीवाने-हाफ़िज़' था जिसकी एक ग़ज़ल वो गुनगुना रहा था—

शाहे-शमशाद-कदाँ, ख़ुसरवे-शीरीं-दहनाँ
कि ब-मिज़गाँ-शिकंद क़ल्ब हिमा शब शिकनाँ
बर जहाँ तकिया मकुन गर क़दहे मी वारी
शादि-ए-ज़ोहरा-जबीनाँ .ख़ुरे-नाज़ुक-बदनाँ

इस ग़ज़ल ने महफ़िल को और ही रंग दे दिया। ज़ोहरा-ज़बीनों और नाज़ुक-बदनों के नाम का जाम कौन नहीं पीना चाहेगा। और अब मख़दूम की आवाज़ तनहा नहीं थी, सुरीली और बेसुरी सब आवाज़ें मिल गईं, हाफ़िज़ की ग़ज़ल का कोरस देर तक ज़ारी रहा। दीवार पर स्पेन की मुज़ाहिद ख़ातून मौत की दावत देती रही, बाहर हवाएँ दीवानावार

दरवाज़े को खटखटाती रहीं, मगर हम लोग सबसे बेनियाज़ हाफ़िज़ शीराज़ी के लफ़्ज़ों में हसीनों के जामे-सेहत पीते रहे, न जाने किसके दिल में कौन-सा हसीन झाँक रहा था।

ये तूफ़ान थमा ही था कि जज़्बी फिर उठकर खड़ा हो गया, और अब नाच-नाच कर 'मौज़ूए-सुख़न' को गाने लगा—

आज फिर हुस्ने-दिलारा की वही धज होगी
वही ख़्वाबीदा सी आँखें वही काजल की लकीर
रंगे-रुख़सार पर हलका-सा वो ग़ाज़े का ग़ुबार
संदली हाथों पे हलकी-सी हिना की तहरीर

उसकी आवाज़ में ख़स्तगी पैदा हो गई थी, इसलिए और भी दिलदोज़ हो गई थी। अब वो एक-एक लफ़्ज़ को इतना खेंचकर गाता था कि साँस का तार टूट जाता था। हमने बमुश्किल पकड़कर उसे बिठाया लेकिन वो तड़पकर फिर खड़ा हो गया। फ़ैज़ की 'मौज़ू-ए-सुख़न' फिर महफ़िल पर छा गई। लेकिन देर बाद जज़्बी की आवाज़ ने साथ छोड़ दिया, फिर भी वो नज़्म सुनाने पर इसरार कर रहा था। अब तक फ़ैज़ की एक ही नज़्म और वो भी जज़्बी की ज़ुबान से इतनी बार सुनी जा चुकी थी कि सब लोग थक गए थे। इसलिए किसी ने ख़याल को दूसरी तरफ़ मोड़ने के लिए जज़्बी से उसकी नई नज़्म 'मौत' की फ़रमाइश कर दी और जज़्बी की टूटी हुई आवाज़ और थके हुए तरन्नुम ने उसमें एक अजीब कैफ़ियत पैदा कर दी—

अपनी सोई हुई दुनिया को जगा लूँ तो चलूँ
अपने ग़मख़ाने में इक धूम मचा लूँ तो चलूँ
और इक जामे-मए-तुंद चढ़ा लूँ तो चलूँ
अभी चलता हूँ ज़रा होश में आ लूँ तो चलूँ

ऐसा लग रहा था जैसे गुज़रती हुई रात के साथ जो आँधियों की रफ़्तार से सुबह की तरफ़ जा रही थी, जज़्बी सफ़र कर रहा है। न जाने कितनी बार उसने यह नग़्मा सुनाया, बस इतना याद है कि जब सुबह होते-होते आँधियाँ थम गईं, और बाल्टियों पर जलती हुई मोमबत्तियाँ छोटे-छोटे सिक्कों में तब्दील हो गईं और उनकी थरथराती हुई लवें दम तोड़ने लगीं और खाने के लिए दस्तरख़ान बिछा तो जज़्बी बीच दस्तरख़ान पर खड़ा हुआ गा रहा था—"अपने भीगे हुए दामन को सुखा लूँ तो चलूँ।" आधी से ज़्यादा महफ़िल सो रही थी, और जज़्बी की डूबती हुई आवाज़ के साथ मख़दूम का उदास तरन्नुम सुनाई दे रहा था, जो सिर्फ़ अपने लिए गुनगुना रहा था—

ख़िलवते-रंगी में भी डसता है यूँ दुनिया का हाल
जैसे पीते वक़्त भूखे बाल-बच्चों का ख़याल

एक और रात ख़त्म हो गई जो फिर कभी नहीं आएगी। एक और दिन शुरू हो गया, और दीवार पर लगी हुई स्पेन की मुजाहिद ख़ातून की तस्वीर हमें ज़िंदगी की जद्दो-जहद की तरफ़ चलने की दावत दे रही थी।

वहाँ से उठकर हम सब हयात के मैदान की तरफ़ निकल गए। इस सफ़र में जज़्बी की नज़्म 'मौत' का एक ज़िंदा व ताबिंदा शेर हमारे साथ रहा है—

मेरी खोई हुई आवाज़ कहाँ है लाओ
मेरा टूटा हुआ वो साज़ कहाँ है लाओ

यह शेर अपनी शक्लें बदलता रहा, लेकिन उसका आहंग बरक़रार रहा, और मखदूम की शायरी में इस तरह उभरा—

बर्क़-पा वो मिरा रहवार कहाँ है, लाना
तिश्ना-ख़ूँ वो मेरी तलवार कहाँ है, लाना

यह आहंग फ़ैज़ की रूह के लिए नया बाँगे-जरस था जो आख़िरी उम्र में फ़ैज़ को फ़िलस्तीनी मुजाहिदों के ख़ेमों में ले गया। स्पेन की मुजाहिद ख़ातून और फ़िलस्तीन का यासर अराफ़ात एक ही मोर्चे के दो नाम हैं।

इस मोर्चे पर फ़ैज़ की शिरकत दूसरे मुजाहिदों से मुख़्तलिफ़ थी, इसमें पीक्सकिल के गिटार बजाने वाले फ़नकार की शबाहत थी। जब कू-क्लस-क्लान ने ऐलान किया कि पाल रॉब्सन अमरीकी मज़दूरों के गीत नहीं गाएगा, तो वह सब मज़दूर पीक्सकिल में जमा हो गए और पाल रॉब्सन के गिर्द अपने इनसानी ज़िस्मों की दीवारों से कई हिसार बना लिए। दूर बुलंदियों पर कू-क्लस-क्लान की टेलिस्कोपिक रायफ़िल्स लगी हुई थीं। अभी यह जंग शुरू नहीं हुई थी कि एक पतला-दुबला गिटार बजानेवाला नौजवान आया, किसी ने कहा मियाँ तुम यहाँ क्या कर रहे हो, यहाँ झगड़ा होगा, फ़साद होगा, गोलियाँ चलेंगी। उसने कहा कि मुझे झगड़े-फ़साद से कोई दिलचस्पी नहीं है। मैं अम्नपसंद आदमी हूँ, मैं तो पाल रॉब्सन के गीत सुनने आया हूँ।

लेकिन थोड़ी देर बाद जब वहाँ मैदाने-कारज़ार गर्म हुआ तो यह देखा गया कि वह दुबला-पतला, अम्नपसंद, गिटार बजानेवाला फ़नकार अपने साज़ को हथियार बनाकर अमन, आज़ादी और गीत के दुश्मनों के ख़िलाफ़ शेर की तरह लड़ रहा था।

कुछ यही सूरते-हाल बेरूत में फ़ैज़ के साथ थी, जिसके हाथ में रायफ़ल नहीं थी, सिर्फ़ शायरी का गिटार था। वह तो वहाँ एशिया और अफ़्रीका के नग़्मे जमा करने गया था, वह 'लोटस' रिसाले का एडीटर था।

पाँचवीं रात

हम पर है ख़त्म शामे-ग़रीबाने-लखनऊ

मजाज़ मेरे सामने है, उसके फ़िक़रे तीरों की तरह बरस रहे हैं, उसकी हलकी सी मासूम मुस्कुराहट और बेपनाह ख़ुलूस और दोस्ती मुझे घेरे हुए है। बाईस साल की सैकड़ों रातें और सैकड़ों दिन हर तरफ़ से हुजूम कर रहे हैं, रातों के दिल में टूटे हुए पैमाने और छलकी हुई शराब है, दोनों के होंठ प्यास से सूखे हुए हैं, मायूसियाँ और मजबूरियाँ नौजवानी के अज़ायम पर हँस रही हैं, मगर नौजवानी की तरंग सबको रौंदती हुई आगे बढ़ रही है। मंसूबे बन रहे हैं, किताबें छप रही हैं, रिसाले निकल रहे हैं, कांफ्रेंसों और मुशायरों पर धावे बोले जा रहे हैं। कभी मजाज़ नज़्म सुना रहा है और उसके तरन्नुम के जादू से बच्चे अपना खेल भूल गए हैं, कभी उसकी आवाज़ रेशम के डोरे की तरह टूटी जा रही है। कलकत्ते की एक शाम है और मजाज़ रो रहा है। बंबई की एक रात है और मजाज़ नाच रहा है। लखनऊ की बरसात का अँधेरा है और मजाज़ भीगता हुआ चला जा रहा है। कोई सियासी जलसा है और मजाज़ बेइंतहा संजीदा है। कोई मुशायरा या अदबी जलसा है, और मजाज़ बहका जा रहा है। रेडियो पर उसका नाम पुकारा गया है और वह सिर्फ़ हँस रहा है। वह अपने हज़ारों रंग रूप में मेरे सामने है, वह शमशीर, जाम और साज़ का इम्तज़ाज था, कभी शमशीर बरहना हो जाती थी तो साँस और जाम भी काँप जाते थे, कभी जाम छलक उठता था, तो शमशीर भी डूब जाती थी।

और आज की रात, 5 दिसंबर 1955 की रात जो हज़ारों रातों की आख़िरी रात है, मजाज़ खुद डूबा हुआ है। मौत की गहरी नदी में शमशीर, साज़ और जाम तैर रहे हैं, और मजाज़ डूबा हुआ है, हमेशा के लिए ख़ामोश। अब वह कभी नहीं बहकेगा। मौत उसे कितने दिन से बुला रही थी, कहीं दूर आसमानों से आवाज़ दे रही थी, और वह खुद भी कितने दिन से मौत की तरफ़ बढ़ रहा था—

ज़ईफ़ी महफ़िले-इशरत में ख़िरकापोश आती है
जवानी जब भी आती है कफ़न-बर-दोश आती है

मौत से यह दिलचस्पी मजाज़ की रूमानी फ़ितरत ही की एक शक्ल थी। वह ज़िंदगी का एक हसीन पहलू थी। जिन किरदारों से मजाज़ को बल्कि हम सबको दिलचस्पी थी, उनके यहाँ मौत एक ख़ास कैफ़ियत रखती थी—कीट्स, शैली और बायरन या सनन और इज़ाडोरा डंकन, मायकोव्स्की, अर्नेस्ट ट्वालर और लोर्का, भगत सिंह, सरदार चंद्रसिंह गढ़वाली, इसके अलावा अम्पोलिन का महाज़े-जंग, सबास्तोपोल और स्तालिनग्राद, बंबई के मल्लाहों की बग़ावत, जवाहरलाल नेहरू का सोशलिज़्म का नारा, हिंदुस्तानी कम्युनिस्ट पार्टी, ये सब हमारे शऊर और एहसास का हिस्सा थे और उनके दर्मियान से मजाज़ अपनी रूमानी फ़ितरत के सारे उलझावों और नज़ाक़तों, नग़्मों और नारों को लेकर गुज़र रहा था।

तीस साल पहले का अलीगढ़ यूनिवर्सिटी यूनियन हॉल के मुशायरे में असरारुल-हक़ मजाज़ के नाम पर एक नौउम्र छरेरे बदन का लड़का उठकर खड़ा होता है। मैंने उसे इससे पहले टेनिस कोर्ट पर सफ़ेद पतलून और कमीज़ में देखा था। इस वक़्त उसके जिस्म पर शेरवानी है लेकिन अलीगढ़ की रिवायत के ख़िलाफ़ वो नंगे सर है, और अपने लंबे बालों को झटकर अपना हाथ फेरता है और अपनी नज़्म 'इंकलाब' सुनाता है। शदीद रूमानियत एक-एक मिसरे पर दाद मिल रही है, इंतहाई ख़ुशगवार तरन्नुम, जोश और अख़्तर शीरानी के असरात नुमायाँ हैं लेकिन हर शेर की तह से मजाज़ की अपनी इनफ़रादियत झलक रही है—

और इस रंगे शफ़क़ में बा-हजाराँ आबो-ताब
जगमगाएगा वतन की हुर्रियत का आफ़ताब

सारा हॉल तालियों से गूँज जाता है। वह यूनिवर्सिटी का महबूबतरीन शायर है। जाँ निसार अख़्तर और जज़्बी भी तालिब-इल्म हैं लेकिन मजाज़ की मक़बूलियत अलग ही चीज़ है। होस्टल में तालिब-इल्मों के कमरों पर, प्रोफ़ेसरों के घरों में, मुशायरों में, जलसों में हर जगह मजाज़ छाया है, इसमत चुग़ताई का बयान है कि गर्ल्ज कॉलिज में लड़कियाँ उसके नाम के क़रए निकालती थीं, और ख़ुश होती थीं।

मेरिस रोड पर डॉक्टर रशीद रशीद जहाँ के घर पर महफ़िल जमी हुई है, मजाज़ अपनी नज़्म सुना रहा है, दो छोटी-छोटी बच्चियाँ अपने खिलौने छोड़कर मजाज़ के पास आ खड़ी हुई हैं, एक बच्ची कुछ कहती है, दूसरी उसके होंठों पर उँगली रखकर उसे चुप कर देती है—"शी ग्रामोफोन बज रहा है।"

तुर्की की मशहूर मुजाहिद ख़ातून और अफ़सानानिगार ख़ालिदा अदीब ख़ानम आई हुई हैं। यूनिवर्सिटी यूनियन में उन पर फूलों की बारिश की जाती है, और मजाज़ अपनी नज़्म से उनका इस्तक़बाल करता है। कमाल अतातुर्क के तुर्की और हिंदुस्तान की आज़ादी की लड़ाई एक हो जाती है। ख़ालिदा ख़ानम उर्दू का एक लफ़्ज़ भी नहीं समझ सकतीं लेकिन वह इस ज़ुबान की मौसीक़ी और तरन्नुम से मसहूर हो

गई हैं और अपनी तक़रीर में पाँच-दस मिनट तक मुसलसल उर्दू ज़ुबान और मजाज़ की तारीफ़ करती हैं।

देहली में डॉक्टर अंसारी का घर क़ौमी रहनुमाओं का मेहमानख़ाना है, गाँधी जी, पं. नेहरू, सरोजिनी नायडू सब दरियागंज में उन्हीं के घर क़याम करते हैं। मजाज़ उस घर का दोस्त और महबूब शायर है। शौकतुल्ला अंसारी और उनकी ख़ूबसूरत बीबी ज़ोहरा मेज़बानी के फ़राइज अंज़ाम देती हैं और मजाज़ अपनी नज़्मों से उनकी ख़ातिर करता है, मिसेज़ नायडू ख़ासतौर से मजाज़ पर मेहरबान हैं।

आल इंडिया रेडियो का इदारा क़ायम होता है। पितरस बुख़ारी ने हिंदुस्तान के बेहतरीन शायरों और अदीबों को जमा कर लिया है (ज़रा-ज़रा से वक़्फ़े से मजाज़, नून मीम राशिद, सआदत हसन मंटो, कृश्नचन्दर, राजिंदर सिंह बेदी, सब देहली पहुँच गए)। मजाज़ रेडियो के सरकारी परचे का एडीटर है, जिसका नाम उसने 'आवाज़' रखा है, हर तरफ़ से इस ख़ुशमज़ाक़ी की दाद मिलती है। रेडियो के काम के अलावा वहाँ अदबी महफ़िलें भी होती हैं, और मआसिराना चश्मकें भी। हँसी-हँसी में पंजाबी और यू.पी. वालों की सफ़बंदियाँ शुरू हो जाती हैं। हफ़ीज़ जालंधरी और मजाज़ में चोटें चलने लगती हैं। हफ़ीज ने तफ़रीहन कोई नज़्म कही, मजाज़ ने उसी मूड में जवाब दिया। एक शेर जो हफ़ीज़ के मुतअल्लिक़ था उसका सबने लुत्फ़ उठाया—

वहाँ का हुस्न तो सब कुछ है माना
मगर ख़ुद इश्क़ तो जालंधरी है

लेकिन ये दोस्ताना सोहबतें ज़्यादा दिन क़ायम न रह सकीं, मुआमलात न जाने कैसे बिगड़ गए। आख़िर मजाज़ को रेडियो की मुलाज़िमत से इस्तीफ़ा देना पड़ा। उस ज़माने में मजाज़ की ज़ाती ज़िंदगी का सबसे ज़्यादा तकलीफ़देह वाक़िया हुआ, उसने उम्र भर में सिर्फ़ एक लड़की से मुहब्बत की और वह भी शादीशुदा थी, इसलिए मजाज़ की मुहब्बत ख़ामोश थी, लेकिन शेरों से छलकी पड़ती थी। वह हविस की मंज़िल तक कभी न जा सका, फिर भी एक दिन उस घर का दरवाज़ा हमेशा के लिए बंद हो गया। अब सिर्फ़ शिकस्ता-दिली और बेकारी है, दिल में इंक़लाब और बग़ावत की आग जल रही है, जिसे शराब भी नहीं बुझा सकती, बल्कि इस आग को और भड़काती है, सबसे पहले जाम उन महबूब हाथों से मिला था, जिन्हें मजाज़ ने कभी छूने की कोशिश नहीं की, इस कैफ़ियत में मजाज़ की सबसे हसीन और इस अहद की सबसे भरपूर नज़्म 'आवारा' की तख़लीक़ हुई, जिसमें मजाज़ के ज़ाती ग़म उसके इंक़लाबी एहसासात के साथ मिलकर एक हो गए हैं।

शहर की रात और मैं नाशादो-नाकारा फिरूँ
जगमगाती जागती सड़कों पे आवारा फिरूँ

ग़ैर की बस्ती है कब तक दर-ब-दर मारा फिरूँ
ऐ ग़मे-दिल क्या करूँ ऐ वहशते-दिल क्या करूँ

यह नज़्म नौजवानों का ऐलाननामा थी और आवारा का किरदार उर्दू शायरी में बग़ावत और आज़ादी का पैकर बनकर उभर आया। उससे पहले यह लफ़्ज़ परेशान-हाल और परेशान-रोज़गार के मानों में इस्तेमाल होता था, और बगूलों की तरह मारा-मारा फिरता था, मगर अब यह भी सोचता है—

लेके इक चंगेज़ के हाथों से ख़ंजर तोड़ दूँ
ताज पर उसके दमकता है जो पत्थर तोड़ दूँ
कोई तोड़े या ना तोड़े मैं ही बढ़कर तोड़ दूँ
ऐ ग़मे-दिल क्या करूँ ऐ वहशते-दिल क्या करूँ

किसी तरक़्क़ीयाफ़्ता ज़ुबान की शायरी को, जिसके पास पाँच सौ बरस की रिवायत हो, कोई नया तसव्वुर देना मामूली बात नहीं है। यह शायर को ज़िंद-ए-जावेद कर देने के लिए काफ़ी है।

रोज़गार और महबूबा दोनों को मजाज़ ने जिस तरह खोया उसके लिखने का वक़्त अभी नहीं आया है (इसमें कुछ परदानशीनों के भी नाम आते हैं) लेकिन उसके ज़ेरे-असर उसकी हिस्सास शख़्सियत टूटने लगी, उसका ज़ेहनी तवाज़ुन बिगड़ने लगा। यह कहना ग़लत है कि शराब ने उसके ज़ेहनी तवाज़ुन को ख़राब किया, हक़ीक़त यह है कि एक शिकस्ता शख़्सियत को ज़ेहनी तवाज़ुन की कमी ने शराब में ग़र्क़ कर दिया। चार-पाँच साल तक उसने अपनी टूटी हुई शख़्सियत को समेटे रखने की कोशिश की लेकिन वक़्त के साथ-साथ वह बिखरती गई और मजाज़ एक नातमाम गीत बनकर रह गया। इन सालों में उसने बहुत अच्छी नज़्में कहीं। 'ख़्वाबे-सेहर' एक यादगार नज़्म है, जिसमें मजाज़ के शऊर की पुख़्तगी झलक रही है। 'शहर-निगार' उसकी सरशारी की एक और झलक है। 'अँधेरी रात का मुसाफ़िर' अपनी टूटी हुई शख़्सियत को दोबारा जोड़ने की एक दर्दनाक कोशिश है, हर मुश्किल के बावजूद अपनी मंज़िल की तरफ़ बढ़ने की ख़्वाहिश इस नज़्म में एक दिलफ़रेब कैफ़ियत पैदा करती है।

वह अपनी शराबनोशी की ज़्यादती से पहले ही मर चुका था। शायर की जिस्मानी मौत कोई मानी नहीं रखती। मजाज़ की मौत की आख़िरी हिचकी वह नज़्म है जिसे उसने 'एतराफ़' का नाम दिया है। मजाज़ ने अपने इश्क़ और शायरी दोनों को हवस की आलाइश से हमेशा पाक रखा, उसने इश्क़ की नाकामी के बाद भी महबूब पर तंज़ नहीं किया। जब तरक़्क़ीपसंद शायरी में यह रवैया आम था कि "तू मिरी जान मेरे साथ कहाँ जाएगी", "मुझसे पहली सी मोहब्बत मेरी महबूब न माँग", "न कर

ख़ुदा के लिए मेरा इंतज़ार न कर", उस वक़्त भी मजाज़ के यहाँ आशिक़ और माशूक़ के दर्मियान रोटी नहीं थी—

आओ मिलकर इंक़लाबे-ताज़ातर पैदा करें
दह्र पर इस तरह छा जाएँ कि सब देखा करें

क्योंकि आम ज़िंदगी और आज़ादी की जद्दो-जहद दोनों में वो औरत के हुक़ूक़ का हामी था इसलिए उसका आँचल मजाज़ के लिए परचम था, और माथे का टीका मर्द की क़िस्मत का तारा। और यह तसव्वुर भी उर्दू शायरी में जो अब आम है पहली बार मजाज़ के जरिये से आया। लेकिन अपनी नज़्म 'एतराफ़' में उसने एतराफ़े-शिकस्त कर लिया। "अब मेरे पास तुम आई हो तो क्या आई हो"—यह नज़्म एक मजरूह जवानी की आख़िरी पुकार थी जिसमें जज़्ब-ए-शौक़ की मौत का ऐलान था—

वह गुदाज़े-दिले-मरहूम कहाँ से जाऊँ
अब मैं वह जज़्ब-ए-मासूम कहाँ से लाऊँ

और जिस दिन जज़्बे की मासूमियत ख़त्म हो जाती है, उस दिन शायर और शायरी दोनों का जनाज़ा निकल जाता है, उसके बाद मिट्टी में दफ़न होना और शराब में ग़र्क़ होना बराबर है।

1952 में कुल हिंद तहज़ीबी कांफ़्रेंस में शिरकत करने के लिए मजाज़ डॉक्टर सैफ़ुद्दीन किचलू के साथ कलकत्ते आया। उस वक़्त उसकी दीवानगी अपने शबाब पर थी। वह रोज़ शाम को शराब पीने के लिए मुझसे पाँच रुपए लेता था, इससे पहला जाम आ जाता था। बाक़ी जामों का इंतज़ाम मैख़ाने में आनेवाले कर देते थे। एक रोज़ मजाज़ ने दस रुपये माँगे, मैंने उसे समझाने की कोशिश की तो कहने लगा, "सरदार, तुम्हारे बीवी-बच्चे हैं, घर है, शायरी करते हो, मेरे पास क्या है, अब शराब भी नहीं पीने देते।"

मेरे ख़याल में यह सवाल मोहमल है कि क्या वह अपने आपको सँभाल नहीं सकता था, ज़ेहनी और जिस्मानी क़ूवते-बर्दाश्त की हदें होती हैं, बाज़ लोगों के आसाब फ़ौलादी होते हैं, बाज़ के आसाब गोश्त-पोस्त के। मजाज़ के आसाब शीशे की तरह नाज़ुक थे और ज़रा सी ठेस में चीख़ने लगते थे। वह जिसकी बज़्लासंजी मशहूर है, जिसकी हाज़िरजवाबी जर्बुल-मिस्ल है, जिसके लतीफ़ों में भी शायराना लताफ़त और ज़हानत है, कभी सख़्त बात का जवाब नहीं दे पाता था। जब दोस्तों ने उससे बदसलूकी की है तो मैंने मजाज़ को ख़ामोश देखा है, उसकी ज़ुबान पर कभी किसी की शिकायत नहीं आई थी, मआसिराना चश्मक का दूर-दूर पता नहीं था। एक शायर की शायरी नापसंद थी, तो हँसकर कहा—"फ़िक्र मत करो, जब तुम्हारी नज़्मों का

उर्दू तर्जुमा होगा तब लोग तुम्हें पहचानेंगे।" इंक़लाबी सफ़ों में आगे-आगे रहने की ख़्वाहिश के बावजूद दिल की नज़ाकत का यह आलम था कि 1946 के फ़िरक़ेवाराना फ़सादात में एक आदमी को बंबई में क़त्ल होते देख लिया, तो तीन दिन खाना नहीं खा सका। जिस ज़माने में वह साइंस का तालिबे-इल्म था तो मेज़ पर मेंढक देखकर वह क्लास से भाग गया और साइंस की तालीम तर्क़ कर दी।

उसकी शायरी में ज़ाती ग़मों की परछाइयाँ कम हैं। जिस ज़माने में उस पर ग़म, तकलीफ़ और उदासी के बादल छा जाते थे, तब भी उसकी शायरी शिगुफ़्ता रहती थी, वह अपने ग़मों की नुमाइश नहीं करता था, और अपने दुखों का मातम सबके सामने नहीं करता था, इससे ज़्यादा वह कभी अपने दुख नहीं बयान कर सका कि—"सबके तो ग़रीबाँ सी डाले अपना ही ग़रीबाँ भूल गए।" ज़ाहिर है कि इसके बाद सारा बोझ दिल पर ही पड़ा रहेगा, इस हालत में आसाब का चटख़ जाना कोई तअज्जुब की बात नहीं है।

जिगर मुरादाबादी ने एक बार शराब तर्क करने के लिए कहा तो मजाज़ ने हँसकर जवाब दिया कि "आपने सिर्फ़ एक बार शराब छोड़ी है, और मैं कई बार छोड़ चुका हूँ।" लेकिन जोश मलीहाबादी की नसीहत नागवार गुज़र गई, क्योंकि वह नज़्म में थी जिसे जोश ने शाया कर दिया। उसी ज़माने में जोश ने शेख़ अब्दुल्ला की तारीफ़ में एक नज़्म कही थी। मजाज़ ने उन दोनों वाक़ियात को एक क़ते में नज़्म कर दिया, जिसके आख़िरी मिसरे हैं—

रिंदे-बरबाद को नसीहत है
शेख़ की शान में क़सीदा है

इसके साथ एक और क़ता भी कहा था, जिसमें जोश की सरकारी मुलाज़िमत और इंक़लाबी शायरी के तज़ाद की तरफ़ इशारा था—

सीन-ए-इंकलाब छलनी है
शायरे-इंकलाब क्या जाने

यह ठेस कुछ ऐसी लगी थी कि मजाज़ आख़िर वक़्त तक उसे भूल नहीं सका। दीवानगी के आख़िरी ज़माने के काग़ज़ात में जो राँची के पागलख़ाने की यादगार थे, जो नामुकम्मल चीज़ें बरामद हुईं उनमें यह मिसरा भी था—

फ़िराक़ हूँ और न जोश हूँ मैं, मजाज़ हूँ सरफ़रोश हूँ मैं

इस नज़्म के एक मिसरे में उसने अपनी ज़ेहनी कैफ़ियत भी बयान कर दी थी—

वह रेगज़ारे-ख़याल में है कभी-कभी हमख़राम मेरी

मजाज़ जो तरोताज़ा अल्फ़ाज़ का बादशाह था, अब अपनी महबूबा के साथ ज़ेहनी रेगज़ार में घूम रहा था, शायद दीवाने ज़ेहन के लिए इससे बेहतर लफ़्ज़ नहीं मिलेगा। इन काग़ज़ात में माज़ी की यादें भी बिखरी हुई हैं। "क्या क़यामत है कि इक दोस्त रक़ीब आज भी है।" नामौज़ूँ और मोहमल व बेमानी मिसरे भी हैं जो इस बात की शहादत देते हैं। 1952 तक मजाज़ के दिलो-दिमाग़ टुकड़े-टुकड़े हो चुके थे, वह सरापा-नज़्म शायर जिसके शेरों में कभी झोल नहीं पड़ता था, जो अल्फ़ाज़ के पैरों में घुँघरू बाँध देता था, अब मुकम्मल नज़्म तो दरकिनार, मिसरा कहने पर भी क़ादिर नहीं रह गया था। मजाज़ के साथ-साथ एक और बाग़ी शायर राँची के पागलखाने में कलकत्ते से आया था, और यह वो था जिसने उर्दू की तरक़्क़ीपसंद शायरी पर असर डाला था। एक काग़ज़ पर लिखा है—"अतिया क़ाज़ी नज़रुल इस्लाम" और इस काग़ज़ को मजाज़ ने बहुत सँभालकर अपने बक्स में बंद कर लिया था।

जब तालिब-इल्मों की एक अदबी कांफ्रेंस के लिए 3 दिसंबर 1955 की सुबह को हम बंबई से लखनऊ पहुँचे तो हमें मजाज़ की ज़ेहनी कैफ़ियत और सेहत का पूरा अंदाज़ा था, और एक नामालूम ख़ौफ़ हमारे दिल में बैठा हुआ था। इस्मत चुग़ताई और साहिर लुधियानवी भी साथ थे। हमें मालूम था कि मजाज़ शराब नहीं जहर पीता है, और मैंने और साहिर ने तय किया कि कम से कम दो-तीन दिन तक हम मजाज़ को लखनऊ के दोस्तों से बचाए रखेंगे।

मजाज़ स्टेशन नहीं आया, अपने घर पर भी नहीं था, शाम को पाँच-छः बजे के क़रीब मुझे हज़रतगंज में मिल गया, उसी मुहब्बत और तपाक से मिला और कहने लगा—

हमदम यही है रहगुज़रे-यारे-ख़ुशख़राम
गुज़रे हैं लाख बार इसी कहकशाँ से हम

हम दोनों साथ-साथ तालिब-इल्मों की अदबी कांफ्रेंस के लिए क़ैसरबाग़ की बारादरी पहुँचे। दोस्तों ने मजाज़ को बहुत घेरने की कोशिश की, लेकिन मैं किसी तरह बचाकर निकाल लाने में क़ामयाब हो गया। रात को मुशायरे में मजाज़ ने बड़ी संजीदगी का सबूत दिया, मालूम होता था, बरसों पुराना मजाज़ ज़िंदा हो गया है, मुझसे कहा, "न जाने फिर कब मुलाक़ात हो" और यके-बाद-दीगरे कई चीज़ें सुनाईं। मजमा हैरान था और ख़ुश था, मजाज़ लहक रहा था। आख़िरी चीज़ एक ग़ज़ल थी, उसके दो शेर बार-बार पढ़े—

बहुत मुश्किल है दुनिया का सँवरना
तिरी ज़ुल्फ़ों का पेचो-ख़म नहीं है

ब-ई-सैले-ग़मो-सैले-हवादिस
मिरा सर है कि अब भी ख़म नहीं है

शेर की ख़ूबी के अलावा मजाज़ के हालात के पेशे-नज़र आख़िरी मिसरे की बहुत दाद मिली, अगर वह सुबह तक सुनाता रहता तो भी लोग सुनते रहते।

दूसरे दिन 4 दिसंबर को मजाज़ होटल में हमारे साथ रहा, साहिर ने उसके लिए नफ़ीस ह्विस्की की बोतल ख़रीद ली थी। मजाज़ से वादा लिया गया था कि वह दिन में नहीं पिएगा और शाम को लखनऊ के 'दोस्तों' के साथ बाहर नहीं जाएगा, और ख़ुद उसके मशवरे से बोतल अलमारी में बंद कर दी गई ताकि दिन में नीयत ख़राब ना हो। वह बड़ी देर तक मुझसे पुरानी बातें करता रहा। फिर रात की बात दोहराई, "ज़्यादा वक़्त मेरे साथ गुज़ारना, न जाने फिर कब मुलाक़ात हो।"

तीसरे पहर हम लोग कांफ्रेंस के इजलास और चाय की एक दावत के लिए चले गए और मजाज़ कमरे में सोता रहा, शाम को वापसी में ज़रा देर हो गई और इस अर्से में मजाज़ के लखनऊ के 'दोस्त' उसे उड़ा ले गए, मैंने और साहिर ने बहुत तलाश किया, लेकिन उसका कहीं पता नहीं था।

5 दिसंबर को भी कांफ्रेंस का इजलास था, ख़याल था कि मजाज़ ज़रूर शरीक होगा, लेकिन वह नहीं आया। अब हमारी परेशानी बढ़ गई। आखिर शाम को पाँच बजे के क़रीब किसी ने आकर यह वहशतनाक ख़बर सुनाई कि मजाज़ बलरामपुर हस्पताल में बेहोश पड़ा है। इस ख़बर के साथ ही कांफ्रेंस का इजलास मुल्तवी कर दिया गया, और हम लोग बलरामपुर हस्पताल पहुँचे। मजाज़ बिस्तर पर बेहोश पड़ा था, और उसकी नाक में आक्सीजन की नली लगी हुई थी, नर्सों और डॉक्टरों ने मायूसी का इज़हार किया।

बमुश्किल गुज़िश्ता रात की तफ़सीलात मालूम हुईं, हमारी अदम-मौजूदगी में मजाज़ के 'दोस्त' उसे होटल से निकालकर लालबाग़ के एक ताड़ीख़ाने में ले गए, जहाँ लखनऊ की सर्दी की रात में खुली छत पर बैठकर सबने ताड़ी पी और फिर मस्ती के आलम में उठ-उठकर चले गए। मजाज़ वहीं रह गया और सारी रात खुली छत पर पड़ा हुआ सर्दी खाता रहा। सुबह ताड़ीख़ानेवालों ने देखा तो वह बेहोश था। पुलिस ने उसे हस्पताल मुंतक़िल किया, जहाँ डॉक्टरों ने बताया कि दिमाग़ की रगें फट चुकी हैं, और सर्दी में पड़े रहने की वजह से निमोनिया हो गया है, बचने की कोई उम्मीद नहीं!

उसी रात मजाज़ का इंतक़ाल हो गया! उसके सिरहाने उसकी शायरी की शैदाई एक तालिबे-इल्म लड़की बैठी थी जो उसकी महबूबा की हमनाम थी।

घर वापस न पहुँचना मजाज़ की वर्षों पुरानी आदत थी। उसकी माँ रोज़ रात को उसके बिस्तर के सिरहाने एक मेज़ पर खाना, क़ैंची सिगरेट की एक डिबिया

और अठन्नी रख देती थीं ताकि मजाज़ किसी आलम में आए उसे तकलीफ़ न हो। रिक्शावाले भी वाक़िफ़ थे, और वह अकसर मजाज़ को घर पहुँचाकर बिस्तर पर लिटा देते थे, और सिरहाने रखी हुई अठन्नी उठा ले जाते थे।

आज जब हम उसकी लाश लेकर उसके घर पहुँचे तो चारपाई का रुख़ बदला हुआ था, सिरहाने मेज़ पर खाना नहीं था, तकिये के पास क़ैंची सिगरेट की डिबिया और अठन्नी भी नहीं थी, पलंग के पास ज़मीन पर बैठी हुई बूढ़ी माँ उसका इंतज़ार कर रही थीं, बरसों का खोया हुआ बेटा घर वापस आ गया था हमेशा के लिए!!

मुस्लिम यूनिवर्सिटी अलीगढ़ ने अपने पुराने शायर तालिबे-इल्म को आख़िरी और सबसे बड़ा ख़िराजे-अक़ीदत इस तरह पेश किया कि उसकी तालिबे-इल्मी के ज़माने की एक नज़्म को यूनिवर्सिटी का सरकारी तराना बना लिया।

मजाज़ की क़ब्र पर उसका अपना एक शेर लिखा है—

अब इसके बाद सुब्ह है और सुब्हे-नौ मजाज़
हम पर है ख़त्म शामे-ग़रीबाने-लखनऊ

[बंबई, सितंबर-अक्तूबर, 1964]

चेहरू माँझी

हवा बहुत धीमे सुरों में गा रही थी, दरिया का पानी आहिस्ता-आहिस्ता गुनगुना रहा था, थोड़ी देर पहले यह नग़्मा बड़ा पुरशोर था, लेकिन अब उसकी आख़िरी ताने मद्धम पड़ चुकी थीं, और एक नर्म और लतीफ़ गुनगुनाहट बाक़ी रह गई थी। वो लहरें जो पहले साहिल से जाकर टकरा रही थीं, अब अपने सय्याल हाथों से थके हुए साहिल का जिस्म सहला रही थीं। हमारी किश्ती बड़ी नर्मी के साथ बह रही थी, किनारे से दूर आकर बीच दरिया में माहीगीरों ने अपने चप्पू छोड़ दिए थे और बादबान खोल दिए थे और समंदर की तरफ़ दौड़ती हुई मौजें किश्ती को बहाए लिए जा रही थीं, बादबान में हवा भरी हुई थी, और उसका सीना ग़ुरूर से फूला हुआ था। हमारी किश्ती लंबी-लंबी नाज़ुक और पतली सम्पानों को, उनमें बैठे हुए माँझियों के गीतों को, बड़े से सियाहफ़ाम जहाज़ को और साहिल के पास शहर की चमकती हुई रौशनियों को पीछे छोड़कर आगे बढ़ती जा रही थी। सम्पानें मौजों में, साहिल अँधेरे में और रौशनियाँ नन्हे-नन्हे ख़ूबसूरत सितारों में तब्दील होती जा रही थीं।

बूढ़े माहीगीर ने आसमान की तरफ़ देखकर कहा, "रात अच्छी है, आज तूफ़ान का खतरा नहीं है, एक घंटे में चाँद निकल आएगा।"

नौजवान माहीगीर ने जो उसका बेटा था, कहा कि "इतनी देर में हम खुले समंदर में पहुँच जाएँगे।"

यह वह जगह थी जहाँ दरिया-ए-करनाफ़ली ख़लीज बंगाल में जाकर मिलता है, जिसके किनारे चटगाँव का शहर आबाद है, सब्ज़ और नीली पहाड़ियों के दामन हैं, सुपारी के ख़ूबसूरत और छरेरे बदन की दोशीज़ाओं की तरह नाज़ुक दरख़्तों के साये हैं। जब समंदर में पानी चढ़ता है तो दरिया की धारा उलटे बहने लगती है, और माहीगीर अपने जाल पानी में डाल देते हैं। जब समंदर का पानी उतरता है तो दरिया फिर समंदर की फैली हुई आगोश की तरफ़ लपकता है और माहीगीर अपनी किश्तियाँ और जाल लेकर खुले समंदर में चले जाते हैं, और साहिल के किनारे-किनारे काक्स बाज़ार तक मछलियाँ पकड़ते हैं। घरों पर उनकी बीवियाँ और महबूबाएँ उनका इंतज़ार करती हैं और समंदर में उनके गीत तैरते हैं, जिन्हें सुनने के लिए दूर-दूर की मछलियाँ सिमट आती हैं, और उनसे जाल भर जाते हैं, और किश्तियाँ भारी हो जाती हैं, और वे अपने मजबूत बाज़ुओं की क़ूवत से चप्पू चलाते

हैं, उनकी साँस फूल जाती है, गीतों की तान वज़नी हो जाती है, गले की रगें उभर आती हैं, बाज़ुओं की मछलियाँ तड़पने लगती हैं, हथेलियाँ लाल हो जाती हैं और जब वो अपने गाँव के किनारे आकर शिकार से भरी किश्तियों को ख़ाली करते हैं, तो उनकी बीवियों और महबूबाओं की आँखें रंग-बरंगी मछलियों को देखकर चमक उठती हैं और वो अपना दिल हमेशा के लिए अपने बहादुर माहीगीरों को दे देती हैं, और रात को जब तेल की कमी से चिराग़ की मद्धम लौ टिमटिमाने लगती है और हवा की हलकी सी फूँक उसे बुझा देती है, तो ये थकान से चूर माहीगीर उनके नीलगूँ सीनों पर जिनमें मछली की बू आती है, अपना सर रखकर सो जाते हैं।

लेकिन जब से लड़ाई शुरू हुई थी और जापान ने हिंदुस्तान पर हमला कर दिया था, तब से माहीगीरों को आमतौर से समंदर में जाने की इजाज़त नहीं थी। खुले समंदर में जाने के लिए उन्हें फ़ौजी अफ़सरों से इजाज़तनामा हासिल करना पड़ता था जो सिर्फ़ चंद अमीर माहीगीरों को मिलता था, क्योंकि दूसरे माहीगीर रिश्वत देने की अहलियत नहीं रखते थे। काक्स बाज़ार जाने के तमाम रास्ते बिलकुल बंद हो गए थे, क्योंकि वह बंदरगाह बहुत बड़ी छावनी में तब्दील हो गई थी। सड़क से सिर्फ़ फ़ौजी लारियाँ गुज़रती थीं, और समंदर से सिर्फ़ जंगी जहाज़। मुझे अख़बारी नुमाइंदे की हैसियत से ख़ास इजाज़तनामा मिला था जिस पर फ़ौजी अफ़सरों के अलावा चटगाँव के डिप्टी कमिश्नर की भी मुहर लगी हुई थी।

बूढ़े माहीगीर ने अपनी चिलम सुलगाई, नौजवान माहीगीर माँझियों का गीत गाने लगा, मैं किश्ती में लेटकर ख़्वाब देखने लगा। मेरी निगाहें दूर तक सर पर से गुज़रनेवाले हवाई जहाज़ों की सुर्ख़ और सब्ज़ रौशनियों का तआक़्क़ुब करतीं, और फिर आसमान पर बिखरे हुए सितारों में खो जातीं जो नीले आसमान की गोद में दरिया की मौजों की तरह बह रहे थे।

बूढ़ा माहीगीर मेरे पास सरक आया, और चिलम मेरी तरफ़ बढ़ा दी। मैंने एक लंबा-सा कश लेकर पूछा, "तुम अपना जाल साथ लाए हो?"

"नहीं जाल का क्या होगा। जब से लड़ाई शुरू हुई है समंदर में जाल डालने की इजाज़त नहीं है।"

"क्यों नहीं है?"

"कहते हैं पानी में बड़े-बड़े बम डाल दिए गए हैं ताकि दुश्मन के जहाज़ न आ सकें, और मैं सोचता हूँ कि सरकार के जहाज़ कैसे चलते हैं।"

बम सरकार ही ने डाले हैं।" बेटे ने अपना गीत बंद करके जवाब दिया। "उन्हें मालूम है कि बम कहाँ-कहाँ पड़े हैं और वो अपने जहाज़ों को बचाकर निकाल ले जाते हैं।"

"हम तो तबाह हो गए," बूढ़े ने अपनी दास्तान शुरू की। रात के अँधेरे में

उसका झुर्रियों पड़ा चेहरा बड़ा पुरविक़ार मालूम हो रहा था, जिस पर पचास बरस के सऊबतों के निशान थे।

"पचास बरस से दरिया में जाल डाल रहा हूँ, इसके एक-एक चप्पे को जानता हूँ, बहती हुई मौजों को देखकर बता सकता हूँ कि उसके नीचे कितनी मछलियाँ हैं। समंदर की मछलियाँ दो तरह की होती हैं, जब वो चलती हैं तो मौजों की रफ़्तार में फ़र्क़ आ जाता है, और मैं एक नज़र में भाँप लेता हूँ कि कौन-सी मछली जा रही है। आसमान को देखकर बता सकता हूँ कि मौसम कितनी देर में बदल जाएगा, समंदर में तूफ़ान कब आएगा, और दरिया का पानी उलटा कब बहेगा। पचास बरस से यहीं काम कर रहा हूँ, कुछ नहीं तो लाखों ही मछलियाँ पकड़ डाली होंगी लेकिन आज तक यह पता ना चला कि हम जो मेहनत करते हैं, वह दौलत कहाँ जाती है। हम दरिया में ख़ाली जाल डालते हैं, जब उसे खींचते हैं, तो उसमें चाँदी भरी होती है, तड़पती हुई चाँदी जो झिलमिल-झिलमिल चमकती है। औरतें इस चाँदी को अपनी टोकरियों में भरकर बाज़ार ले जाती हैं और इसके बदले ताँबे के पैसे, गिलट के रुपये और काग़ज़ के टुकड़े ले आती हैं। फिर दरिया में जाल डालते हैं, और फिर उसमें से तड़पती हुई चाँदी बाहर निकालते हैं और यह चाँदी फिर ताँबे, गिलट और काग़ज़ में तब्दील हो जाती है, और हमारे जिस्म सूखते चले जाते हैं, और आँखें धँसती चली जाती हैं और हाथ-पाँव लकड़ी की तरह ख़ुश्क होते जाते हैं। मैं पचास बरस से चटगाँव के बाज़ारों के लिए दरिया से चाँदी निकाल रहा हूँ लेकिन मुझे ताँबे और गिलट के टुकड़ों और काग़ज़ के मैले पुरज़ों के अलावा कुछ न मिला और वह भी मेरे पास नहीं रहे। जैसे ज़िंदा मछलियाँ तड़पकर निकल जाती हैं, ये टुकड़े भी हमारी हथेलियों से फिसल जाते हैं और हमारी मुफ़लिसी पहले से भी ज़्यादा भयानक हो जाती है।"

नौजवान माहीगीर बाप की दास्ताने-ग़म से बेनियाज़ किश्ती के अगले सिरे पर बैठा हुआ एक इश्क़िया गीत गा रहा था।

बूढ़े ने अपना सिलसिल-ए-क़लाम जारी रखते हुए कहा, "तुम पढ़े-लिखे हो, बहुत देस देखे होंगे, तुम जानते होगे कि हमारी दौलत कहाँ जाती है।"

मैं कुछ कहना चाहता था लेकिन बूढ़े माहीगीर ने इसका मौक़ा नहीं दिया और बहती हुई मौजों की तरफ़ देखकर अपने सवाल का जवाब देने लगा, जैसे वह सब कुछ जानता है।

"यह दरिया हज़ारों बरस से बह रहा है और इसका पानी समंदर में गिर रहा है, मेरी उम्र साठ बरस की होने को आई, लेकिन मैंने एक दिन भी नहीं देखा कि इसकी मौजों का बहाव रुक गया हो, एक के पीछे दूसरी मौज दीवानावार समंदर की तरफ़ चली जा रही है, समंदर जिसकी तह का कुछ पता नहीं, जो आकाश की तरह फैला हुआ है। हमारी मेहनत भी इसी तरह बहती हुई किसी बड़े समंदर की

तरफ़ चली जा रही है, कोई अंधा समंदर है जो हमारी चाँदी की तरह चमकती मेहनत को निगले ले रहा है। चाँदी ही तो है जो बह रही है। देखो ये मौजें चाँदी की तरह चमक रही हैं, दरिया का रंग सफ़ेद है और समंदर का रंग नीला। और यह सफ़ेद चाँदी समंदर में जाकर खो जाती है।"

मैंने मौजों की तरफ़ देखा जो वाक़ई बहती हुई चाँदी की तरह चमक रही थीं। हमारे बाईं तरफ़ दूर उफ़क़ में महीने की आख़िरी रातों का चाँद उभर रहा था जिसके नर्म किरणें फ़िज़ा से गुज़रकर दरिया के जिस्म पर फैल गई थीं, और मटियाले पानी को सैयाल चाँदी में तब्दील कर रही थीं। बूढ़े का सियाहीमायल चेहरा चाँद की हलकी-सी सुर्ख़मायल रौशनी में चमक उठा था। और सफ़ेद बादबान बादल का एक ख़ूबसूरत टुकड़ा मालूम होता था, जो हमें चाँदी के दरिया में बहाए लिए जा रहा था।

बूढ़े माहीगीर ने नज़र उठाकर चाँद की तरफ़ देखा फिर बादबान की तरफ़। बादबान कुछ टेढ़ा हो गया था। या शायद हवा का रुख़ बदल गया था, और इसलिए बादबान का भी रुख़ बदलना ज़रूरी था। उसने अपने बेटे को आवाज़ दी। दोनों ने लिपटी हुई रस्सियाँ खोलीं, और बादबान का रुख़ बदलकर मेरे पास आ बैठे।

"जब से लड़ाई शुरू हुई है, मुफ़लिसी और बढ़ गई है। पहले क़हत पड़ा, फिर वबाएँ फैलीं, ऐसा क़हत और ऐसी वबाएँ तो मैंने देखी नहीं थीं, हैज़ा और फिर काला आज़ार, फिर बदचलनी। हमारे गाँव के गाँव उजड़ गए। बूढ़े और बच्चे मर गए। लड़के आवारा हो गए, और लड़कियाँ घर-बार छोड़कर चलीं गईं, फिर यहाँ फ़ौज आ गई और हमारे लड़के और लड़कियाँ। माहीगीरी छोड़कर फ़ौज में मज़दूरी करने लगे। माहीगीरी कैसे करते, न जाल थे न किश्तियाँ। सर छुपाने के लिए घर भी नहीं था, ये सब चीज़ें तो क़हत ही के ज़माने में बिक चुकी थीं। अब लड़के बेहया हो गए हैं, लड़कियाँ और भी ज़्यादा बेशर्म हो गई हैं। सिपाही इन्हें रुपये देते हैं और वो सिपाहियों को, अब क्या कहूँ क्या देती हैं। पहले इन्हें जाल की मरम्मत करनी पड़ती थी, सर पर मछलियों की टोकरी रखकर बाज़ार जाना पड़ता था, पेट भर खाना नहीं मिलता था तो क्या! मेहनत से जिस्म तनदुरुस्त रहते थे, चेहरे पर ईमानदारी की चमक होती थी। और अब? अब क्या है। ज़रा-सी आँखें मटकाईं, ज़रा-सा कूल्हा चलाया और काम बन गया। मुझी को देखो, मेरे गाँव में तीन सौ घर थे, अब सिर्फ़ आठ रह गए हैं, बाक़ी सब उजड़ गए हैं। अब इन खंडरों में कुत्ते रहते हैं, मेरी बीबी क़हत में मर गई, दो बेटियाँ थीं वो घर से भाग गईं, अब सुना है कि अराकान रोड पर मज़दूरी कर रही हैं, मज़दूरी तो क्या कर रही होंगी, यह तो बहाना है। एक का नाम राधा है और दूसरी का सावित्री। यह नाम तुम्हें इसलिए बता रहा हूँ कि तुम घूमने-फिरनेवाले आदमी हो, शायद तुम्हें अराकान रोड पर वो लड़कियाँ मिल जाएँ तो उनसे कह देना कि तुम्हारा बाप ज़िंदा है, नया झोंपड़ा डाल लिया है, जाल भी है और किश्ती भी, और दरिया में बहुत-सी मछलियाँ हैं।

राधा और सावित्री आ जाएँ तो हम ख़ूब मछलियाँ पकड़ेंगे, हमारा एक जाल भी टूटा पड़ा है, उसकी मरम्मत उनके बग़ैर कैसे होगी।"

बूढ़े की आँखों में आँसू आ गए ··· वह चुप हो गया और बहते हुए पानी की मौजें गिनने लगा, जैसे वह उन मौजों के आईने में सारी गुज़री हुई ज़िंदगी का अक्स ढूँढ़ रहा था, उसकी एक झलक देखना चाहता था, उसका उजड़ा हुआ गाँव, मरे हुए साथी, बीवी जो दाग़े-मफ़ारिक़त दे गई। घर छोड़कर भाग जानेवाली बेटियाँ जो उसे अब भी उतनी ही प्यारी थीं। वो सब इन मौजों में तैर रही थीं। मैंने देखा कि बूढ़े माहीगीर की उँगलियाँ काँप रही हैं और आँखों से बहकर आँसू उसकी झुर्रियों में भर गए हैं।

थोड़ी देर बाद उसने एक ठंडी साँस ली और कहने लगा, "राधा और सावित्री ही को क्यों बुरा कहो, आजकल सब लड़कियाँ ऐसी ही हो गई हैं। हमारे यहाँ काले-गोरे हज़ारों सिपाही आ गए हैं, वो लड़कियों के लिए मोज़े लाते हैं, सफ़ेद और लाल रंग से भरे हुए डिब्बे लाते हैं, छोटे-छोटे आईने लाते हैं और लड़कियाँ दीवानी हो जाती हैं और अपना मुँह रँगकर उनके पीछे दौड़ती हैं, सिपाही दरिया में और तालाबों में नंगे नहाते हैं और लड़कियाँ किनारे खड़ी होकर उनका तमाशा देखती हैं। मैंने अपनी आँखों से यह सब कुछ देखा है और कई बार सोचा कि ये सब लड़कियाँ क़हत और वबा में मर क्यों नहीं गईं। मछलियाँ पकड़ना, खेत बोना अच्छा पेशा है, माना इसमें ग़रीबी दूर नहीं होती लेकिन इज़्ज़त तो बाक़ी रहती है, घरबार तो रहता है, लेकिन यह मुँह पर रंग पोत के देसी-बिदेसी सिपाहियों से आँखें लड़ाना कहाँ का पेशा है। लेकिन अब जिसे देखो वह यही कर रही है। सिपाही अपनी मोटरों पर गुज़रते हैं तो सड़क के किनारे खड़ी हुई लड़कियों को अपने साथ बिठा लेते हैं और दो-तीन मील आगे जाकर छोड़ते हैं वहाँ से दूसरे सिपाही उन्हें उठा ले जाते हैं। चटगाँव से पतंगा और पतंगा से रामू और रामू से काक्स बाज़ार तक यही सिलसिला है। सब लड़कियाँ ख़राब हो गई हैं, कोई अच्छी नहीं रह गई है। मैं सोचता हूँ हम पर जापानी बम क्यों नहीं गिरता।"

पच्छिम के साहिल पर एक गाँव आबाद था, और उसके सरसब्ज़ दरख़्तों का झुंड चाँदनी में आहिस्ता-आहिस्ता पीछे सरक रहा था। बूढ़े माहीगीर ने अपनी उँगली का इशारा करके कहा, "वह गाँव देखते हो, क़हत के ज़माने में वहाँ के तमाम आदमी मर गए, उनकी लाशें गीदड़ों और कुत्तों ने खाईं। उस साल दरख़्तों में फल नहीं आए, बल्कि शाख़ों में गिद्ध फैले थे, गिद्ध ही गिद्ध जो अकसर ज़िंदा आदमियों पर भी झपट पड़ते थे, कोई आदमी उस तरफ़ आने की हिम्मत नहीं करता था। एक रात क्या हुआ कि ठीक बारह बजे के वक़्त दूसरे गाँव से एक शोला बुलंद हुआ और उस गाँव की तरफ़ चला, थोड़ी देर में पच्छिम की तरफ़ एक शोला उठा और वह भी उस गाँव की तरफ़ चला और फिर दोनों शोले मिल गए, उसकी ख़बर चारों

तरफ़ फैल गई। अब रोज़ रात के वक़्त बारह बजे आग के दो शोले नाचते हुए चलते थे, एक पूरब से और दूसरा पच्छिम से, और दोनों इस गाँव में आकर मिल जाते थे। किसी ने कहा भूत हैं, किसी ने कहा परेत हैं और तुम जानते हो कि मरने के बाद इनसान भूत-परेत बन जाते हैं, और यहाँ तो हज़ारों आदमी मरे पड़े थे। जब मैंने पहली बार उन भूतों को देखा तो मेरा दिल काँप उठा। मैं डरपोक आदमी नहीं हूँ, लेकिन भूत-परेत से तो सभी डरते हैं।"

बेटे ने बाप को टोक दिया, "यों नहीं हुआ था, मैं सुनाता हूँ। मैंने तो उन शोलों को पकड़ा था।"

"सच? तुमने उन शोलों को पकड़ लिया?" मैंने हैरत से पूछा।

बूढ़े ने खुश होकर कहा, "मेरा बेटा बड़ा बहादुर है," और नौजवान माहीगीर का सीना और चौड़ा हो गया और बाज़ुओं की मछलियाँ फड़क उठीं।

उसने बहुत गंभीर लहजे में कहा कि "किसी की हिम्मत नहीं पड़ती थी कि उन भूतों को पकड़ ले, इर्द-गिर्द के तमाम गाँव थर-थर काँपते थे। कोई कहता था भूत हैं, कोई कहता था परेत हैं, कोई कहता था कि अंग्रेज़ों ने ऐसे बम बनाए हैं जो रात भर ख़ुद-ब-ख़ुद पहरा देते रहते हैं और दुश्मन को पहचानकर उस पर झपट पड़ते हैं। बात ही ऐसी थी। इससे पहले चटगाँव के किसी आदमी ने शोलों को चलते नहीं देखा था। मेरे दिल में कुछ और ही आई, मैंने कहा कि जान रहे या जाए, मैं ज़रूर पता लगाऊँगा कि ये शोले क्या हैं, कहाँ से आते हैं और कहाँ जाते हैं।"

चाँद इतनी देर में काफ़ी ऊँचा हो गया था और उसकी किरणों की फुआर हवा के झोंकों के साथ ज़मीन पर गिर रही थी, रात ठंडी हो चली थी। दोनों माहीगीरों ने चिलम भरी और बारी-बारी उसका कश लेकर मेरी तरफ़ बढ़ा दी।

"मैं कई दिन तक मंसूबे बाँधता रहा, लेकिन हिम्मत नहीं पड़ती थी। आख़िर एक दिन जी कड़ा करके मैं तैयार हो गया, मैंने अपनी लँगोट कसकर बाँध ली और हाथ में बल्लम ले लिया और रात के ग्यारह ही बजे से जाकर उस रास्ते में बैठ गया, जहाँ से वह दोनों शोले गुज़रते थे। मेरा दिल मेरे सीने से निकलकर मेरे कानों में आ गया था, और उसकी धड़कन से कान के पर्दे फटे जा रहे थे। मैं जिस पेड़ के नीचे बैठा था, उसकी शाखें मेरे सर पर चली आ रही थीं, और मुझे ऐसा मालूम हो रहा था कि ये अब मुझे कुचल देंगे। चारों तरफ़ सन्नाटा था, सिर्फ़ घास में दुबके हुए कीड़े-मकोड़ों के बोलने की आवाज़ें आ रही थीं, या कभी-कभी कुत्ते रोने लगते थे, और गीदड़ बोलने लगते थे, या पेड़ों पर बैठे हुए गिद्ध अपने पर फड़फड़ाते थे। ग्यारह बजे, सवा ग्यारह बजे, पौने बारह बजे। बस अब बारह बजने ही वाले थे, और मेरे हाथ-पाँव सनसना रहे थे, और ख़ून मालूम हो रहा था रगों को फाड़कर बाहर निकल आएगा।

"ठीक उस वक़्त जब शहर के घंटें ने बारह बजाए तो मैंने देखा कि दूर मेरे सामने ज़मीन से एक शोला उठा, और मेरी तरफ़ बढ़ने लगा। मेरे दिल की धड़कनें और तेज़ हो गईं, और दोनों शोले मेरे क़रीब आते जा रहे थे और मैं आँखें फाड़े हुए अपने सामने से आते हुए शोले को देख रहा था, रात के अँधेरे में उसकी चमक बहुत तेज़ थी। थोड़ी देर के बाद मैंने महसूस किया कि वह शोला ज़मीन पर नहीं चल रहा है, बल्कि हवा में उड़ रहा है, आहिस्ता-आहिस्ता हवा में मुअल्लक़ शोला मेरे क़रीब आता गया, मेरा बदन सुन्न हो गया, ज़ुबान मुँह में ऐंठ गई, बल्लम को छुआ तो वह कई मन का मालूम हुआ, मेरे पैर ज़मीन ने पकड़ लिए थे, और अब मुझमें उठने की भी सकत नहीं थी। मैंने उम्र में पहली बार यह महसूस किया कि मैं बुज़दिल हूँ। मगर अब क्या होता, मौत मेरे सर पर आ गई थी, और वह शोला मुझसे दो-तीन गज़ के फ़ासले पर था, और मैं उसके रास्ते में बैठा हुआ था। यकायक मेरे सारे जिस्म में एक आग-सी लग गई, ख़ून जो रगों में जम गया था, फिर तेज़ी से दौड़ने लगा और किसी ने मुझे ज़मीन से ऊपर उछाल दिया, मेरे मुँह से बे-साख़्ता निकला, "कौन है।"

नौजवान माहीगीर चुप हो गया और बूढ़ा माहीगीर अपनी फटी हुई कमीज़ पर एक फटी सदरी पहनने लगा। रात की ख़ुनकी बढ़ रही थी, हम शायद समंदर के क़रीब पहुँच रहे थे, क्योंकि बूढ़ा माहीगीर किश्ती में लिपटे हुए चप्पुओं को इधर-उधर लगा रहा था। हवा के झोंके भी भींगे हुए थे और उनमें हलके-से नमक का ज़ायक़ा था।

मैंने हैरत, इस्तेजाब और शौक़ से पूछा—"फिर क्या हुआ?"

नौजवान माहीगीर ने अपनी चिलम से दो-तीन लंबे-लंबे कश और लिए, और फिर दरिया में चिलम उलट दी।

"हाँ! तो मेरे मुँह से बे-साख़्ता निकला—कौन है। उसी के साथ फ़िज़ा में एक चीख़ बुलंद हुई और ज़मीन पर बहुत सारे अंगारे बिखर गए, मेरे सामने एक नंग-धड़ंग औरत खड़ी हुई थी, जिसका जिस्म थर-थर काँप रहा था।"

"औरत?" मैंने पूछा जैसे मुझे यक़ीन न आया हो।

"हाँ औरत ··· जवान औरत, ऐसी ही कोई बीस बरस की और सर से पाँव तक नंगी। मैंने लपककर उसे पकड़ लिया उसने अपने आप को छुड़ाने की बिलकुल कोशिश नहीं की बल्कि मेरे कंधे पर सर रखकर हिचकियाँ लेने लगी, और मेरा सीना उसके आँसुओं से भीग गया। कोई 10 गज़ के फ़ासले पर अंगारों का एक ढेर और पड़ा हुआ था और अँधेरे में एक परछाईं-सी भागती हुई नज़र आ रही थी। मैंने पूछा, 'तू कौन है?' लेकिन हिचकियों और सिसकियों के सिवा कोई जवाब नहीं मिला। मैंने फिर पूछा, 'तू कौन है? तू कौन है?' लेकिन वह मुसलसल रोए जा रही थी। आख़िर मैंने उसका सर अपने कंधे से उठाया और उसे ग़ौर से देखा, अरे यह तो

चेहरू थी, अब्दुल्ला चाचा की बेटी। मैंने कहा चेहरू, "तुझे क्या हो गया है, यह रो क्यों रही है, मुँह से बोलती क्यों नहीं है, मैं भला तेरा कुछ बिगाड़ूँगा, मैं गणेश हूँ, गणेश मछेरा।"

" 'हाँ,' उसने सिसकी लेते हुए कहा।

"मुझे बड़ी शर्म आ रही थी कि एक नंगी औरत मेरी गोद में है। मैंने बहुत कोशिश की लेकिन आँखें बंद नहीं कर सका, सितारों की रौशनी में मैंने उसे सर से पाँव तक देखा, वह बेहद ख़ूबसूरत थी, जैसे कोई अप्सरा।

"वह अपने गाँव की सबसे ख़ूबसूरत लड़की थी, उम्र बीस बरस की हो गई थी। लेकिन अभी तक ब्याह नहीं हुआ था, उसके बाप के पास ब्याह कराने के लिए रुपया था ही नहीं। गाँव के तमाम लड़कों की राल उस पर टपकती थी, और वह जिसकी तरफ़ नज़र उठाकर देख लेती थी, या ज़रा-सा मुस्कुरा देती थी उसका दिल कई दिन तक धड़कता रहता था। मैंने भी उसे कई बार देखा था और दिल में यह सोचा था, काश वह मछेरी होती या मैं मुसलमान होता, मैं उससे ज़रूर शादी कर लेता। लेकिन मुश्किल यह थी कि मैं मछेरा था और वह मुसलमान। लेकिन आज रात को 12 बजे गाँव की यह सबसे ख़ूबसूरत लड़की जिस पर हर जवान लड़का अपनी जान छिड़कता था, अकेली और नंगी मेरी गोद में थी। चारों तरफ़ से सड़ी हुई लाशों की बू आ रही थी, दरख़्तों पर गिद्ध फड़फड़ा रहे थे, कुत्ते रो रहे थे और गीदड़ बोल रहे थे, और चेहरू मेरे सीने पर सर रखे हुए रो रही थी।

'मैं चेहरू को लेकर खेत की मेंड़ पर बैठ गया। मैंने सोचा उसे जी भर के रोने दूँ, जब उसके दिल के सारे मैल बह जाएँगे तब बात करूँगा।"

बूढ़े माहीगीर ने आवाज़ दी, "समंदर आ गया, चप्पू सँभालो।" गणेश पीछे और उसका बाप आगे बढ़ गया, चप्पू चपाचप चलने लगा। मैं भी उठकर बैठ गया, दरिया की इनफ़रादियत ग़ायब हो चुकी थी और अब हमारे चारों तरफ़ पानी ही पानी था। समंदर पर एक गुनूदगी तारी थी, लहरें आहिस्ता-आहिस्ता साँस ले रही थीं, हवा के झोंके बड़े हलके थे, हमारी किश्ती पूरब की तरफ़ मुड़ गई थी और चाँद हमारे सर पर चमक रहा था एक ख़ूबसूरत चेहरे की तरह जो मकान की सबसे ऊँची मंज़िल की खिड़की से झाँक रहा हो और राहगीरों पर अपने हुस्न की बारिश कर रहा हो। दोनों माहीगीर बड़ी फुर्ती और सफ़ाई से चप्पू चला रहे थे। उनके जिस्म एक साथ आगे झुकते थे और फिर सीधे हो जाते, वक़्त पर उनके कंधे बुलंद होते थे और सीने तन जाते थे। चप्पू भी उनके हाथ मालूम होते थे, जो समंदर तक फैले हुए थे, और वो इस तरह काट रहे थे, जैसे हँसिया धान के पके खेतों को काटता है। उनके बाज़ुओं की जुंबिश में एक ख़ामोश हमआहंगी और तरन्नुम था जो समंदर की मौजों के तरन्नुम से मिल गया था।

वो दोनों बड़ी देर तक किश्ती खेते रहे, यहाँ तक कि चाँद पच्छिम की तरफ़

ढल गया, और एक गोल टिकिया समंदर की सतह के क़रीब लरज़ने लगी। बाप और बेटा दोनों थककर चूर हो गए और सुस्ताने के लिए उन्होंने चप्पू निकालकर किश्ती में लिटा दिए। गणेश ने अपनी हथेलियाँ मलीं। बूढ़े माहीगीर ने फिर चिलम भरी, और किश्ती की एक दीवार से सहारा लेकर लेट गया। बादबान में भरी हुई हवा किश्ती को आहिस्ता-आहिस्ता चला रही थी।

मैंने गणेश को आवाज़ दी, वो मुस्कुराने लगा, "तुम चेहरू के बारे में सोच रहे होगे?"

"हाँ।"

"मेरे दिल में भी चेहरू बैठी हुई है। उसका नाम गुलचेह्र था, और वो एक ग़रीब किसान् की लड़की थी, सब लोग उसे चेहरू कहते थे, कहते हैं उसके माँ-बाप, भाई-बहन सब मर गए, वो अकेली रह गई। उस ज़माने में तो भीख भी नहीं मिलती थी, फ़ाक़े करने, एड़ियाँ रगड़-रगड़कर मर जाने के सिवा चारा ही क्या था। लेकिन चेहरू ख़ूबसूरत थी और उसकी एक सिपाही से आशनाई हो गई, कोई पंजाबी सिपाही था, वो और वो दोनों छुप-छुपकर मिलने लगे। मिलने की एक अनोखी तरकीब निकाली कि रात के बारह बजे दोनों नंगे हो जाते थे और सरों पर आग की थाली भरकर रख लेते थे और उस गाँव में चले जाते थे, जहाँ किसानों की लाशें सड़ रही थी।"

"लेकिन वो इस तरह क्यों मिलते थे?"

"मैंने भी चेहरू से यही सवाल किया कि तूने ये क्या तमाशा किया है, रात के बारह बजे नंगी होकर चुड़ैलों की तरह क्यों निकलती है। उसने जवाब दिया ताकि लोग मुझे सचमुच चुड़ैल और मेरे सिपाहियों को भूत समझें। मैंने कहा कि तू उसके साथ निकाह क्यों नहीं कर लेती तो उसने बताया कि वो एक बार अपने सिपाही के साथ कैम्प में गई थी, और फ़ौजी अफ़सरों ने उसे देख लिया और सिपाही को सज़ा दी। फिर फ़ौजी ठेकेदारों ने उसके पास आदमी भेजे कि चल, तुझे बड़े अफ़सरों के पास ले चलेंगे, लेकिन वो बड़े अफ़सरों के पास नहीं जाना चाहती थी, वो कोई बेसवा थोड़ी थी। उसे सचमुच अपने सिपाही से मुहब्बत थी, इसलिए रात के बारह बजे जब तमाम गाँव के लोग डर के मारे घरों में छुप जाते थे, तो वो अपने सर पर आग से भरी हुई थाली रखकर निकलती थी, और अपने सिपाही से मिलकर वापस चली जाती थी। सिपाही उसको खाने और रखने का ख़र्च देता था। जब उसका पूरा किस्सा सुना तो मुझे बड़ा अफ़सोस हुआ, मैंने उससे माफ़ी माँगी, लेकिन उसने कहा कि 'अब मैं अपने सिपाही से नफ़रत करने लगी हूँ।' मैंने पूछा क्यों तो बोली कि 'वो मुझे अकेला छोड़कर भाग गया, डरपोक कहीं का! वो तो कहो कि तुम थे, और तुम मुझे जानते हो, कोई और होता तो क्या होता, और तुमने मुझे नंगा देखा है। बताओ तुम्हें मेरा जिस्म देखने का क्या हक़ है, मैं तुम्हारी बीवी नहीं हूँ, तुम्हारी माशूक़ा नहीं हूँ, तुमने मेरे जिस्म पर अपनी निगाहें कैसे डालीं?' यह कहकर चेहरू मुझसे

लड़ने लगी। वो तनकर खड़ी हो गई। उसकी आँखों से शोले निकल रहे थे और उसने अपने ख़ूबसूरत बालों से अपना सीना छुपा लिया था। मैंने कहा, 'चलो मैं तुमको घर पहुँचा जाऊँ।' लेकिन उसने इनकार कर दिया। 'क्या समझते हो, मैं डरती हूँ। मैं खुद चली जाऊँगी। जहाँ मेरा जी चाहेगा, वहाँ जाऊँगी, मेरा कोई घर नहीं है।' वो देर तक खड़ी हुई साँस लेती रही और फिर खुद ही बड़ी नर्मी से बोली, 'तुम किसी से कहोगे तो नहीं?' मैंने वादा किया तो वो मुस्कुराई। उससे मेरी हिम्मत बढ़ी, और मैंने कहा, 'चेहरू, मैं तुमसे मुहब्बत करने लगा हूँ, मुझसे ब्याह करोगी?' वो बहुत ज़ोर से हँसी क़हक़हा मारकर, जिसकी आवाज़ सुनकर कुत्ते फिर रोने लगे और गिद्ध अपने पर फड़फड़ाने लगे। मैंने कहा, 'चेहरू, मैं सचमुच तुमसे ब्याह करना चाहता हूँ। आज से नहीं, बल्कि दो बरस से मैं तुम्हारा दीवाना हूँ।'

"चेहरू फिर संजीदा हो गई और कहने लगी, 'तुमने पहले क्यों नहीं ब्याह की बात की, मुझे दो वक़्त खाना दे सकोगे? मेरी बड़ी बहन दस बरस की ब्याही थी, लेकिन उसके मियाँ ने उसे हाथ पकड़कर बाहर निकाल दिया। मेरी माँ ने मरने से पहले अपने तीन बरस के बेटे को घर से धकेल दिया, एक मुट्ठी भुर चावल के लिए मेरा बाप गला घोंटना चाहता था, बताओ तुम मुझसे ब्याह करके मछली और भात कहाँ से दोगे? आज तुमने मुझे नंगा देखा है, तो तुम्हें मुझसे मुहब्बत हो गई, लेकिन इस मुहब्बत से तुम चावल नहीं ख़रीद सकोगे, चावल ... चावल दो रुपये सेर बिक रहा है, दो रुपये सेर।' ये कहती हुई वो चली गई, चेहरू चली गई। और उसका ख़ूबसूरत जिस्म अँधेरे में खो गया। मेरे सामने ज़मीन पर अंगारों का ढेर पड़ा था, जो रफ़्ता-रफ़्ता बिछे जा रहा थे। वो रातोंरात कहीं निकल गई, और आज तक वापस नहीं आई। इस क़िस्से को छः महीने हो गए हैं। मैं अपने दिल में चेहरू की याद लिए बैठा हूँ, जब बहुत उदास होता हूँ तो किश्ती लेकर दरिया में निकल जाता हूँ, जिस्मानी मेहनत से दिल का दर्द दूर हो जाता है।"

गणेश थोड़ी देर तक सर झुकाए बैठा रहा और फिर ख़ामोशी से उठकर चप्पू चलाने लगा। उसका बूढ़ा बाप ख़र्राटे ले रहा था, और समंदर की मौजें सिसक रही थीं।

मैं भी लेटे-लेटे सो गया। गणेश रात भर अकेला चप्पू चलाता रहा। जब सुबह मेरी आँख खुली तो सूरज निकल रहा था, और समंदर की मौजें नाचकर गीत गा रही थीं। हमारे पीछे सब्ज़ रंग का जमर्रूदी समंदर था और सामने सुनहरे रंग का समंदर जिसके किनारे काक्स बाज़ार का दिलकश साहिल फैला हुआ था सुपारी के नाज़ुक दरख़्त सिर उठाए खड़े थे, जैसे अभी समंदर से नहाकर निकले हों, और धूप में अपने बाल सुखा रहे हों। दोनों माहीगीर तेज़-तेज़ चप्पू चला रहे थे, और किश्ती काक्स बाज़ार के नन्हें से दरिया के दहाने में दाखिल हो रही थी।

अब हम पतले से दरिया के अंदर थे, और हमारे दोनों तरफ़ काले रंग की कीचड़

और फिर सुनहरे रंग का साहिल था। एक तरफ़ हज़ारों फ़ौजी मोटरें और तोपें खड़ी थीं। दूसरी तरफ़ अड्डे पर सैकड़ों जहाज़ बड़ी-बड़ी टिड्डियों की तरह अपने सर उठाए खड़े थे। कई जहाज़ सर पर मँडरा रहे थे। जहाज़-तोड़ तोपें अपने दहाने आसमान की तरफ़ उठाए हुए जापानी जहाज़ों का इंतज़ार कर रही थीं और बहुत से सिपाही, अफ़सर और मज़दूर रेत पर चल रहे थे। बीच दरिया में लकड़ी का एक पुल बना हुआ था, जिसके पास कई किश्तियाँ और सम्पाएँ तैर रही थीं, हमारी किश्ती भी पुल से लगकर खड़ी हो गई।

यकायक गणेश की ज़ुबान से निकला, "चेहरू।"

मैंने नज़र उठाकर देखा तो मबहूत रह गया। पुल पर एक दुबली-पतली लड़की खड़ी थी, उसने ज़र्द मख़मल की पतलून और सब्ज़ मख़मल की जैकेट पहन रखी थी, उसके कटे हुए बाल समंदर से आनेवाली हवा में उड़ रहे थे, भवें तनी हुई थीं और आँखों में सूरज की किरणों की सी तेज़ी थी। मैंने फिर नज़र भरकर उसकी तरफ़ देखा। उसके रुख़सारे पाउडर और रंग से गुलाबी हो रहे थे और होंठों पर लिपस्टिक की एक बड़ी गहरी तह जमी हुई थी, बाएँ हाथ की कलाई पर घड़ी बँधी थी, और दाहिने हाथ में एक फ़ौजी बेद था।

उसने बेत से मेरी तरफ़ इशारा करके कहा—"भद्र लोग" और उसकी आँखों में एक वहशी चमक नाच उठी।

बूढ़े मल्लाह ने जल्दी से कहा, "पर्मिट दिखाओ।"

मैंने जेब से पर्मिट निकाला और किश्ती में खड़े होकर चेहरू की तरफ़ बढ़ा दिया, लेकिन उसने पर्मिट की तरफ़ देखा भी नहीं और मुझसे कहा, "किश्ती से नीचे उतरो।"

मैंने पुल पर चढ़ने के लिए हाथ बढ़ाया ही था कि उसने अपने बेद से एक ठोका देकर कहा, "ऊपर मत चढ़ो, किश्ती से नीचे उतरो।"

लेकिन नीचे सियाह रंग की कीचड़ थी, मैं हैरान था और मेरी समझ में कुछ नहीं आ रहा था कि क्या हो रहा है।

गणेश ने कहा, "चेहरू, तू कितनी बदल गई है, देखती नहीं नीचे कीचड़ है।"

"देख रही हूँ," चेहरू ने गणेश की आँखों में आँखें डालकर जवाब दिया। "इसीलिए तो कह रही हूँ कि इसे नीचे उतारो यह 'भद्रलोक'[1] है और भद्रलोक को पुल पर चढ़ने की इजाज़त नहीं है। इसे कीचड़ में चलाओ ताकि इसके सफ़ेद कपड़े लतपत हो जाएँ, जल्दी करो, दूसरी किश्तियाँ आ रही हैं।"

चेहरू की आवाज़ में एक क़िस्म का विकार था, आँखों में वही वहशी चमक। गणेश और बूढ़े मल्लाह के चेहरों पर परेशानी थी। मैंने पीछे मुड़कर देखा कि फ़ौजी

---

1. बंगाली ज़ुबान में दर्मियानी तबक़े के सफ़ेदपोश आदमी को भद्रलोक कहते हैं।

किश्तियाँ आ रही थीं। मैं कीचड़ में चलने को तैयार हो गया, और अपने जूते उतारने लगा। गणेश ने अपने मज़बूत बाज़ुओं की जुम्बिश से मेरा सामान उठाकर साहिल पर फेंक दिया, बूढ़े मल्लाह ने कहा, "चेहरू, तू बड़ी अफ़सर हो गई और सबको भूल गई है।" फिर मेरी तरफ़ इशारा करके बोला, "बंबई से आए हैं। ग़रीबों की सेवा करते हैं।"

आख़िरी जुमला सुनकर चेहरू को घिन आ गई, उसके होंठ तल्ख़ी से ऐंठ गए और उसने अपनी वहशी आँखों से मुझे घूरकर देखा। फिर बोली, "सब भद्रलोक एक-से होते हैं, और ग़रीबों की सेवा करते हैं। चाचा, मैं तुम्हें भूली नहीं हूँ, अपनी माँ की कोख को भी नहीं भूली हूँ, मुझे ख़ूब याद है कि मैं कौन हूँ, तुम मछेरे हो और मैं किसान की लड़की हूँ, मैं भद्रलोक को इस कीचड़ में चलाती हूँ, तुमने इसे समंदर में डुबो क्यों नहीं दिया! भद्रलोक कहीं का!"

मैं इतनी देर में कीचड़ में उतर चुका था और जेब से रुपए निकालकर कश्ती का किराया अदा कर रहा था। मेरे पैर घुटनों-घुटनों तक सियाह कीचड़ में धँस गए थे, पुल पर खड़ी हुई चेहरू मुझे देखकर मुस्कुरा रही थी और गणेश उसे ललचाई हुई नज़रों से देख रहा था। जब मैं कीचड़ से गुज़रकर साहिल पर पहुँचा तो चेहरू का क़हक़हा बुलंद हुआ। फिर उसने अपना हाथ बढ़ाकर गणेश को पुल के ऊपर चढ़ा लिया और उससे हँस-हँसकर आहिस्ता-आहिस्ता कुछ बातें करने लगी।

गणेश ने पुकारकर बाप से कहा, "बाबा तुम जाओ, मैं यही रहूँगा।"

बूढ़े मल्लाह ने मलामत भरी नज़रों से दोनों को देखा और बोला, "पागल मत बन बेटा। चेहरू तेरे काम की नहीं रह गई है।"

चेहरू ने मुस्कुराकर गणेश के रुख़सारे पर अपनी हथेली से एक हलकी-सी थपकी दी और उसे सहारा देकर पुल से नीचे किश्ती में उतारने लगी। गणेश ने उसका हाथ झटक दिया और कूदकर किश्ती में बैठ गया। उसने दोनों हाथों में चप्पू उठा लिए और उन्हें तेज़-तेज़ चलाता हुआ किश्ती को निकाल ले गया। चेहरू की निगाहें दूर तक उसका तआक़्क़ुब करती रहीं।

मैं एक मैले तौलिये से अपने पैरों की कीचड़ पोंछ रहा था कि चेहरू पुल से उतरकर मेरे पास आ खड़ी हुई और पूछने लगी, "तुम कहाँ से आए हो? बंबई से?"

"जहन्नुम से," मैंने जलकर जवाब दिया।

"मैं कभी भद्रलोक को पीट भी देती हूँ, अपने बेद से," चेहरू की आँखों में शरारत थी।

मैंने गर्दन उठाकर इस अजीबो-ग़रीब लड़की की तरफ़ देखा। उसकी आँखों की वहशी चमक में बला का जादू था, और पेशानी पर नुसरत और शरारत से पड़ी हुई हलकी-हलकी शिकनें, उसके ख़ूबसूरत बैज़वी चेहरे की मासूमियत में विक़ार का इज़ाफ़ा कर रही थीं। मैं उससे बातें करना चाहता था, गणेश की कहानी ने मेरा शौक़

और बढ़ा दिया था, लेकिन चेहरू के तेवर बड़े ख़तरनाक थे, और मुझे ज़ुबान खोलने की इजाज़त ही नहीं देते थे।

"मुझे गाली क्यों देती हो? मैं भद्रलोक नहीं हूँ," मैंने झिझकते हुए कहा।

"अच्छा, तुम भद्रलोक को गाली समझते हो?" वह हँसी, "मगर तुम्हारे कपड़े तो वैसे ही हैं।"

"और तुम्हारे कपड़े?"

"यह तो मैंने भद्रलोकों को जलाने के लिए पहने हैं। मुझे अच्छे थोड़े ही लगते हैं।"

"और यह चेहरे पर रंग जो तुमने पोत रखा है?"

"रोज़ी कमाने के लिए।"

मैं उसकी सूरत देखता रह गया, यह बेहयाई थी, बेबाक़ी थी या इंतक़ाम का जज़्बा। मैं कुछ फ़ैसला ना कर सका।

"अच्छा तो तुम भद्रलोक नहीं हो और ग़रीबों की सेवा करते हो?" उसने बड़े तंज़ से पूछा। "काला बाज़ार करते हो या लड़कियाँ बेचते हो?" उसके माथे की शिकनें और गहरी हो गईं, और त्यौरियों पर बल पड़ गए। होंठों पर एक तल्ख़-सी हँसी आई और वह मुझे नफ़रत और हिक़ारत से देखती हुई चली गई, और मैं सोचता रह गया कि यह कैसी लड़की है जिसमें किसानों की बू-बास तक बाक़ी नहीं रह गई है।

यह बग़ावत और इंतक़ाम नहीं है, सिर्फ़ निराज और आवारगी है। यह पारे से बनी हुई लड़की जिसकी रगों में बिजलियाँ भरी हुई हैं, ख़ुद अपनी ज़ात से इंतक़ाम ले रही है, अपनी फ़ितरत और अपनी निसवानियत से बग़ावत कर रही है। जैसे समंदर की कोई बेताब मौज तूफ़ान की आग़ोश से निकलकर साहिल पर आ पड़ी हो और अपने थपेड़े से ख़ुश्क रेत को समंदर बनाने की कोशिश कर रही हो। नन्हें-नन्हें ख़ाक के ज़र्रे उसे अपना रिज़्क समझकर एक-एक घूँट करके पी जाएँगे।

काक्स बाज़ार में हर एक की ज़ुबान पर चेहरू माँझी का नाम था, चेहरू चौबीस बरस की किसान लड़की थी जिसने मज़दूरी करते-करते मज़दूरों की सरदारी हासिल कर ली थी ''' और अब माँझी कहलाती थी ''' जिसने थांबी[1] और बाज़ू और गमछा तर्क़ करके अंग्रेज़ी लिबास पहनना शुरू कर दिया था, जो अपने हुस्न की वजह से अंग्रेज़ अफ़सरों के मुँह चढ़ी हुई थी, जो किसी सफ़ेदपोश आदमी को बर्दाश्त नहीं कर सकती थी, जो हर एक की बेइज़्ज़ती कर देती थी, जो दर्जनों शरीफ़ आदमियों को कीचड़ में चला चुकी थी। औरतें ख़ासतौर से उससे नफ़रत करती थीं, लेकिन मर्द कुछ ललचाए हुए लहजे में उसकी मज़म्मत करते थे।

---

1. थांबी रंगीन धोती को कहते हैं, जो चटगाँव की मुसलमान औरतें बाँधती हैं। बाज़ू चोली या अँगिया को कहते हैं और गमछा दुपट्टे को।

दूसरे दिन मैंने उसे जीप में गुज़रते देखा, उसकी गोद में फूलों का एक बड़ा-सा गुच्छा रखा था।

तीसरे दिन वह मुझे एक चरंग[1] के पास खड़ी हुई मिल गई और मुझे देखकर मुस्कुरा दी।

मैंने कहा, "कैसी हो चेहरू?"

"कैसी हूँ?" उसकी आँखें फिर चमक उठीं। "अच्छा यह बताओ—मैं पतलून और जैकेट पहनकर कैसी लगती हूँ?"

"बिलकुल इंग्लिस्तान की शहज़ादी मालूम होती हो।"

वह खिलखिलाकर हँस पड़ी और उसके दोनों रुख़सारों में दो छोटे-छोटे गड्ढे पड़ गए, और ख़ूबसूरत सफ़ेद दाँतों की क़तार चमकने लगी। इतने में एक फ़ौजी ट्रक आई। चेहरू ने हाथ का इशारा किया, और उचककर उसमें बैठ गई। जब ट्रक चली तो वह खड़ी हुई थी और उसके दोनों हाथ आसमान की तरफ़ उठे हुए थे और बाल हवा में उड़ रहे थे। गाड़ी के पहियों से उड़नेवाली सुर्ख़ धूल ने जो सुपारी के पेड़ों तक बुलंद हो गई थी, उसे ढाँप लिया।

शाम को सारे काक्स बाज़ार में एक हंगामा बरपा था। एक शख़्स यह कह रहा था कि चेहरू को यहाँ से निकाल दो। उसने रामू रोड पर ट्रक से उतरकर किसी शरीफ़ को मारते-मारते लहूलुहान कर दिया था। सारी बस्ती उसके ख़िलाफ़ हो गई थी, लेकिन फ़ौज का ख़ौफ़ उन्हें ज़ुबानी एहतजाज से आगे नहीं बढ़ने देता था।

रात को यह ख़बर आई कि फ़ौजी अफ़सरों ने उसे सज़ा दी है, और अब वह साहिल के इलाक़े से बाहर बस्ती में नहीं निकलने पाएगी। लोग इत्मीनान का साँस लेकर सो गए और फिर चेहरू के अफ़साने मज़े ले-लेकर बयान करने लगे।

सुबह साहिल पर चेहरू मज़दूरों की एक टोली को कुछ हिदायतें दे रही थी। उस वक़्त समंदर में पानी चढ़ रहा था और लहरें दौड़-दौड़कर साहिल का मुँह चूम रही थीं। बड़ी-बड़ी सौ-सौ गज़ लंबी लहरें रूई के गालों की तरह बहती हुई और अपनी चाँदनी उछालती हुई आती थीं और रेत पर झाग छोड़कर चली जाती थीं। चेहरू एक नीले रंग का चुस्त लिबास पहने हुए थी और अभी-अभी समंदर में नहाकर निकली थी। उसके दोनों बाज़ू, आधी रानें और पिंडलियाँ नंगी थीं, जिन पर समंदर का नमक का बारीक बुरादा जमा हुआ था, भीगे हुए बाल उलझे हुए थे और चेहरे का गंदुमी रंग समंदर के नमकीन पानी से धुलकर निखर आया था। मैंने पहली बार उसके सुडौल जिस्म की दिलकशी का अंदाज़ा किया।

वह मुझे देखकर एक बार तन गई और उसका सीना समंदर की किसी लहर

1. चरंग लकड़ी का बना हुआ एक तरह का झोंपड़ जो पब्लिक के इस्तेमाल के लिए सड़कों के किनारे बना दिया जाता है। लोग उसमें बैठकर सुस्ताते भी हैं और बेघर लोग अकसर रात को उसमें सोते भी हैं।

की तरह बुलंद हो गया, "क्या तुम भी मज़दूरी चाहते हो? मैंने कल शाम तुम्हारी ही तरह के एक भद्रलोक को पीटा था, जो मुझे सड़क के किनारे खड़ा होकर घूर रहा था। क्या तुम्हारी भी शामत आई है?"

"तुम्हें भद्रलोक से इतनी नफ़रत क्यों है?"

"तुमसे मतलब? तुम होते कौन हो?"

"मैं कैसे बताऊँ जब तुम सीधे मुँह बात ही नहीं करती हो?"

मैं हैरान रह गया, उसने लपककर मेरा हाथ पकड़ लिया और दौड़ती हुई बिलकुल साहिल के किनारे पहुँच गई जहाँ समंदर की मौजें रेत का मुँह धो रही थीं। वह भीगी हुई रेत पर बैठ गई। अपने पैर समंदर की तरफ़ फैला दिए और कोहनियाँ नर्म मख़मली रेत पर टेक दीं।

"मुझे एक बात बताओगे?" उसने ऐसी मुहब्बत से पूछा जैसे मुझे बरसों से जानती हो।

"पूछो।"

"गणेश ने तुमसे मेरे बारे में कुछ कहा है?"

"हाँ, वह तुमसे मुहब्बत करता है।"

उसके चेहरे पर एक रंग-सा दौड़ गया, और आँखों में बेइंतिहा नर्मी और लताफ़त आ गई जैसे किसी ने जादू के ज़ोर से उसकी वहशत और ख़ुशूनत को बदल दिया हो, और वह बेइंतिहा हसीन हो गई। समंदर की मौजें उसके पैरों को चूम रही थीं और हवा की ग़ैरमरई उँगलियाँ उसके बालों में कंघी कर रही थीं।

वह बड़ी देर तक अपने दोनों हाथों से रेत के घरौंदे बनाती रही और बिगाड़ती रही। "मुझे इस रेत से बड़ी मुहब्बत है। मैं इससे पैदा हुई हूँ। गणेश भी इसी से पैदा हुआ है। मैं अकसर इस रेत की गोद में लेट जाती हूँ और घंटों ख़्वाब देखती रहती हूँ। बड़े-बड़े घास के खेत हैं। दूर उफ़क़ तक फैले हुए खेत जिनकी सुनहरी बालियाँ लहरा रही हैं। मैं अपने हँसिये से खेत काट रही हूँ और धान की बालियाँ समेट-समेटकर खलिहान लगा रही हूँ। मैं कटे हुए खेतों की मुँडेरों पर गाती हुई घूम रही हूँ। ज़मीन गा रही है, आसमान गा रहा है, हवाएँ गा रही हैं। और दरिया के किनारे एक छोटी-सी झोंपड़ी है जिसमें गणेश बैठा हुआ है, इसके जाल में बड़ी-बड़ी मछलियाँ तड़प रही हैं जिन्हें देखकर छोटे-छोटे बच्चे तालियाँ बजा-बजाकर हँस रहे हैं और नाच रहे हैं।"

वह चुप हो गई और रेत के घरौंदे को अपनी मुट्ठी में उठा लिया।

'मैं गणेश से बहुत-सी बातें करना चाहती थी, लेकिन उसका बाप मौजूद था, बुड्ढा खूसट। कहता है कि मैं गणेश के क़ाबिल नहीं रह गई हूँ और वह अपने बाप के ख़िलाफ़ कुछ नहीं कर सकता। बुज़दिल कहीं का। देखो न मुझे छोड़कर चला गया," उसने आख़िरी जुमला बच्चों की तरह कहा।

"मगर तुम ख़ुद जो उसे छोड़कर चली आईं।"

"मुहब्बत करने के लिए हिम्मत की ज़रूरत है। मुझे बुज़दिल आदमियों से बड़ी नफ़रत है। मैं ऐसे आदमी पसंद करती हूँ, जो हँसते हुए मौत के मुँह में चले जाएँ। देखो समंदर में तूफ़ान आ रहा है, पानी गज़ों उछल रहा है। अगर मैं गणेश से इस वक़्त किश्ती खेने के लिए कहूँ तो वो कभी तैयार न होगा, किनारे खड़ा जाल फेंकेगा, मछेरा है न, मछेरा। मुझे भी मछली की तरह पकड़ना चाहता है, बताओ मैं मछली तो नहीं हूँ! बोलो, क्या मैं मछली हूँ?"

"नहीं।"

"मैं मछली नहीं हूँ, मैं औरत हूँ। चेहरू हूँ। गुलचेह्र है मेरा नाम, मुझे कोई मछली की तरह पकड़ नहीं सकता।"

एक मज़दूर दौड़ता हुआ आया और कहने लगा, "चेहरू माँझी, चेहरू माँझी, तुम्हें साहब ने बुलाया है।"

"कह दो नहीं आती।"

"वो बोथीडांग जा रहे हैं, मोटर में बैठे हैं।"

"बस कह दो नहीं आती, मैं बोथीडांग नहीं जाऊँगी, मैं समंदर में जा रही हूँ।"

मज़दूर चला गया। मैंने पूछा, "किसने बुलाया है?"

"कोई नहीं, वो लाल मुँह का बंदर है, उसका तबादला हो गया है, और मुझे बोथीडांग ले जाना चाहता है। मैं नहीं जाती, उसके ऐसे हज़ारों यहाँ मिलेंगे। कोई मैं डरती थोड़ी हूँ, किसी चीज़ से नहीं डरती। आओ तूफ़ान में किश्ती चलाएँ ··· बड़ा मज़ा आएगा।"

मैं कहना चाहता था कि किश्ती उलट जाएगी। लेकिन इस डर से चुप रहा कि वो मुझे बुज़दिल समझेगी।

उसने एक नाज़ुक-सी सिम्पान का इंतिख़ाब किया और पुल पर चढ़कर उसमें कूद गई।

मैंने पूछा, "मैं भद्रलोक हूँ, क्या कीचड़ में चलकर आऊँ?"

"पुल से होकर आ जाओ, तुम भद्रलोक नहीं हो। जब तुम मेरे कहने से बग़ैर एहतियात किए कीचड़ में चलने को तैयार हो गए, तब ही मैं समझ गई कि तुम भद्रलोक नहीं हो।"

उसने चप्पू सँभाल लिए और सिम्पान खेने लगी। उसके हाथ बड़ी मश्शाक़ी से चल रहे थे। जब समंदर का पानी चढ़ रहा हो उस वक़्त किश्ती खेना मज़ाक नहीं है। मेरा दिल काँप रहा था कि कहीं सिम्पान उलट न जाए, लेकिन चेहरू बड़े इत्मीनान से चप्पू चला रही थी।

"तुम्हें चप्पू चलाना आता है?" उसने पूछा।

"हाँ बंबई में समंदर में किश्ती खे चुका हूँ।"

"और तैरना भी आता है?"

"हाँ, कुछ यूँ ही सा।"

"फिर डर की कोई बात नहीं," यह कहकर वह चप्पू को और ज़्यादा तेज़ चलाने लगी। खुला हुआ समंदर जोश खाए पानी की तरह उबल रहा था और हमारी सिम्पान गुस्से में बिफ़री हुई मौजों पर एक सूखे हुए पत्ते की तरह लरज रही थी। मौजों के थपेड़े बड़े सख़्त थे और सिम्पान बुरी तरह डगमगाने लगी थी। एक मौज किश्ती के ऊपर से गुज़रकर हमें भिगो गई।

"मैंने कहा चप्पू मुझे दे दो।"

"तुम मुझसे अच्छे चप्पू नहीं चला सकते।"

"सिम्पान वापस ले चलो, उलट जाएगी।"

"तुम डर रहे हो?"

मैंने लपककर चप्पू पकड़ लिए, चेहरू ने उन्हें मेरे हाथों से छुड़ाने की कोशिश की। एक बार सिम्पान फिरकी की तरह नाच उठी और एक बड़ी-सी ग़ज़बनाक मौज ने आकर उसे दस-बारह फिट ऊपर उठा लिया और एक ज़बरदस्त झटके से साहिल पर फेंक दिया। एक दूसरी मौज हमारे ऊपर से गुज़र गई, और समंदर-गुर्राने लगा। मुझे नहीं मालूम कि चेहरू कहाँ गिरी और मैं कहाँ गिरा। जब मौज सर से गुज़र चुकी तो मैं रेत पर पड़ा हुआ था और चेहरू मुझसे कई गज़ दूर खड़ी हुई थी, और किश्ती मौजों के थपेड़ों में थी। एक चप्पू रेत में धँस गया था और दूसरा आसमान की तरफ़ हाथ उठाए हुए फ़रियाद कर रहा था।

उसने पुकारकर पूछा, "चोट तो नहीं लगी?"

"नहीं, रेत बहुत नर्म है," मैंने जवाब दिया हालाँकि मेरे घुटने और कुहनियाँ छिल गई थीं।

चेहरू फिर मेरे पास आकर बैठ गई और कहने लगी, "मेरा जी चाहता है कि कोई इस दुनिया को इसी तरह उठाकर फेंक दे। जब समंदर में तूफ़ान आता है तो मैं ख़ुशी से दीवानी हो जाती हूँ। और मैं सोचती हूँ ये तूफ़ान बढ़ता जाएगा, यहाँ तक कि आसमान और ज़मीन के बीच में सिर्फ़ समंदर ही होगा। इन नीली मौजों में हम, तुम, गणेश, चाँद, सूरज, सितारे, सब डूब जाएँगे।"

मैंने कहा, "तुम पगली हो चेहरू।"

"हाँ, मैं सचमुच पगली हूँ, तुम भी पगले हो जो मेरे पास बैठे हो, गणेश भी पगला है जो मुझसे मुहब्बत करता है। और वो लाखों किसान और मछेरे सब पगले थे, जो चार दाना चावल के लिए एड़ियाँ रगड़-रगड़कर मर गए। सिर्फ़ भद्रलोक पगला नहीं है, बाक़ी सब पगले हैं।"

"तुम्हें भद्रलोक से इतनी नफ़रत क्यों है?" मैंने मौक़ा पाकर पूछा।

चेहरू एकदम संजीदा हो गई और उसकी नज़रों की वहशी चमक उसकी आँखों

में वापस आ गई।

"जानते हो मैं क्या करती हूँ?" उसने मुझसे पूछा, "मैं अपना जिस्म बेचती हूँ। अजनबी आदमी, तुम पहले शख़्स हो, जिससे मैं इस तरह बातें कर रही हूँ। लोग कहते हैं मैं बहुत ख़ूबसूरत हूँ, मुझे भी अपनी सूरत और अपना जिस्म बहुत अच्छा लगता है और मैं उसे बेचती हूँ। एक रात के तीस रुपये लेती हूँ। और फ़ौजी अफ़सर मुझे उससे ज़्यादा रुपये देते हैं। तुम समझते होगे कि ये मेरा ख़ानदानी पेशा है। नहीं, मैं तो किसान की बेटी हूँ, धरती की तरह पाक। मैंने ये पेशा कभी नहीं किया था, लेकिन जब मेरे माँ-बाप मर गए और सारा गाँव उजड़ गया और मैं हज़ारों लाशों के बीच अकेली रह गई और लाशों को नोच-नोचकर खानेवाले कुत्ते मुझे देखकर अपने दाँत पीसते थे तो ग्यारह दिन फ़ाक़े के बाद मैं लड़खड़ाती हुई अपने गाँव के ज़मींदार के पास गई, मुट्ठी भर चावल की भीख माँगने के लिए। वो चावल जिसका धान मैंने पिछली फ़सल में अपने हाथों से काटा था। ज़मींदार के घर में मनों चावल भरा हुआ था, लाशों की तरह बोरियाँ गँजी हुई थीं। वो इसका व्यापार करता था, काले बाज़ार का व्यापार, जहाँ कि हमारे खेती का पैदा किया हुआ चावल साठ रुपये मन बेच रहा था। मैं ग्यारह दिन की भूखी थी, और दुनिया में कोई सहारा नहीं था, कई बार मैंने सड़ी हुई लाश का गोश्त खाने का इरादा किया था। लेकिन घिन आ गई। मैंने ज़मींदार से मुट्ठी भर चावल माँगे। उसने पूछा क्या क़ीमत दोगी, मगर मेरे पास क्या था। मैंने कहा ख़ैरात दे दो। उसने कहा मैं कई ख़ैराती स्कूल और यतीमख़ाने चला रहा हूँ। चटगाँव में मेरा खैराती लंगरख़ाना चल रहा है, आख़िर कहाँ तक ख़ैरात दूँ। मैंने पूछा फिर मैं क्या करूँ, चटगाँव तक जाने की सकत नहीं है। मेरे पास तो कुछ भी नहीं है। उसने कहा तुम्हारे पास जवानी है, ख़ूबसूरत चेहरा है, फिर जिस्म है, उसे कहीं जाकर बेच आओ। लेकिन मेरा जिस्म चावल की बोरी तो नहीं था जो मैं उसे बेच देती। मैं वहाँ से भाग आई, लेकिन दो दिन के बाद जब मैं तेरह दिन की भूखी थी, मैं अपना जिस्म लाश की तरह घसीट-घसीट कर ज़मींदार के पास ले गई। मैंने कहा मैं अपना जिस्म मुट्ठी भर चावल के लिए बेचने आयी हूँ। इसे ख़रीदोगे? वो ख़फ़ा हो गया। भद्रलोक बड़े इज़्ज़त वाले होते हैं। उसने कहा मैं कोई दलाल हूँ। मैंन कहा मैं अपना जिस्म कहाँ बेचने जाऊँ, मुझसे तो चला भी नहीं जाता। ज़मींदार ने अपने घर से निकाल दिया। उसका बेटा जो मुझे घसीटकर बाहर लाया था, उसको सेर भर चावल में मेरा जिस्म ख़रीद ले गया। तब से मैं महसूस करत हूँ कि मेरे पास मेरा जिस्म नहीं है। मेरी जवानी नहीं है। मेरी खूबसूरती नहीं है। ये सब तो सेर भर कच्चे चावल में बिक चुकी हैं। उसके बाद मुझे एक सिपाही मिला, वो डरपोक था। फिर गणेश मिला, वो भी बुज़दिल निकला। और अब काक्स बाज़ार में मेरी हुकूमत है। यहाँ जितने आदमी हैं सब बुज़दिल हैं। यहाँ बहुत से भद्रलोक आते हैं, अपना व्यापार करने के लिए। फ़ौजी ठेका लेने के लिए। मैं उन्हें

कीचड़ में चलाती हूँ। कभी-कभी किसी को पीट भी देती हूँ। लेकिन किसी में इतनी हिम्मत नहीं कि उलटकर मेरे एक थप्पड़ मार दे। उन्हें रुपयों की हविस और लालच ने बुज़दिल बना दिया है। वो जानते हैं कि मैं फ़ौजी अफ़सरों के मुँह चढ़ी हूँ। और वो मुझे थप्पड़ मारकर उन्हें नाराज़ नहीं कर सकते। उन्हें रुपये की ज़रूरत है। वो अपने गाँव की बहू-बेटियाँ लाकर फ़ौजी अफ़सरों के हाथ बेच जाते हैं। तुम समंदर के रास्ते से वापस मत जाना। अरकान रोड से होकर जाना। चटगाँव यहाँ से अस्सी मील दूर है, लेकिन यहाँ से चटगाँव तक तीन लाख किसान औरतें हैं जो मेरी तरह पेशा कर रही हैं और उनकी कमाई भद्रलोक खा रहे हैं। तुम भद्रलोक नहीं हो। इसलिए मेरी बात समझ जाओगे। वो कहते हैं, चेहरू माँझी बदमाश है, चेहरू माँझी आवारा है, चेहरू माँझी बेसवा है, लेकिन भद्रलोक मुझसे ज़्यादा बदमाश हैं, मुझसे ज़्यादा आवारा हैं। वो बेसवा हैं, दलाल हैं, उनकी इज़्ज़त, उनका मज़हब, उसका देवता सब कुछ रुपया है, उसके लिए वो अपनी माँओं को बेच डालें, अपनी बेटियों को बेच डालें। उनकी इज्ज़त और शराफ़त सिर्फ़ उनके कपड़ों में है। क्या बंबई में भी भद्रलोक होते हैं?"

"भद्रलोक हर जगह होते हैं," मैंने जवाब दिया।

"फिर कुछ नहीं हो सकता। मुझे उनसे बड़ी नफ़रत है," वो बड़बड़ाई।

सूरज की किरणें बहुत तेज़ हो गई थीं। चेहरू माँझी के गंदुमी रंग के चेहरे पर पसीने के मोती चमक रहे थे। समंदर की मौजें उसके क़दम चूम रही थीं और हवा की ग़ैरमरई उँगलियाँ उसके बालों में कंघी कर रही थीं। उसने अपनी आँखें बंद कर लीं, जैसे कोई ग़ुनूदगी के आलम में बातें कर रहा हो। ज़ेरे-लब आहिस्ता-आहिस्ता कहा—

"जब यहाँ से जाना तो गणेश से कह देना कि मैं उसका इंतज़ार कर रही हूँ। मैं इस ज़िंदगी से तंग आ गई हूँ।"

[अंजुमन तरक़्क़ीपसंद मुसन्निफ़ीन, बंबई के जलसे में पढ़ा गया]

बंबई, सन् 1946

ख़ाले-महबूब और अमने-आलम

मेरे सोवियत यूनियन के सफ़र की ख़ुशगवार यादों के निगारख़ाने में दो नौजवान आर्मेनी इंजीनियर भी हैं। उनके नाम मैंने पूछे थे लेकिन फिर याद नहीं रह गए। लेकिन वो दिल पर जो नक़्श छोड़ गए वो अब भी ताज़ा है। मेरे और उनके दर्मियान हाफ़िज शीराज़ी का एक शेर है जिसने हमारी बाहमी मुहब्बत के रिश्ते को मज़बूत कर दिया है। अकसर ऐसा होता है कि अच्छी शायरी टूटे हुए दिलों को जोड़ देती है, बिछड़े हुओं को मिला देती है, और अजनबियों को दोस्त बना देती है।

हाफ़िज़ बयकं-वक़्त ईरान और ताजिकिस्तान (सोवियत यूनियन की एक रियासत) का क़ौमी शायर है और गुज़िश्ता पाँच-छः सौ साल में उसकी ख़ूबसूरत ग़ज़लों ने सारी दुनिया का दिल मोह लिया है, उसकी शायरी अब भी हवा के झोंकों की तरह महवे-सफ़र कभी इस मुल्क में जा निकलती है, कभी उस मुल्क में, कभी एक बाग़ को महकाती है और कभी दूसरे बाग़ में फूल खिलाती है।

ये इत्तफ़ाक़ की बात है कि मैं स्टॉकहोम (स्वीडन) में बैनु-अक़वामी अमन कौंसिल के कल्चरल कमीशन में हाफ़िज़ की शायरी के मुतअल्लिक ऐसी बहुत-सी बातें करके दिसंबर 1954 में सोवियत अदीबों की दूसरी कांग्रेस के लिए मास्को पहुँचा था। ये जानते हुए भी कि सोवियत यूनियन में तहज़ीब और अदब मुट्ठी भर ख़ुशक़िस्मत इनसानों की जायदाद नहीं है और पानी और हवा की तरह आम हो चुके हैं, मैं वहाँ के आदमियों की तरह अदब-दोस्ती देखकर हैरान रह गया था। रोज़ किसी न किसी नए वाक़िये से मेरी हैरानी में इज़ाफ़ा हो जाता था।

ऐसा ही एक दिलचस्प वाक़िया मास्को के बाकू रेस्टोराँ में पेश आया। यह रेस्टोराँ मेरी मुतरज्जिम अलकज़ेडरा को ज़्यादा पसंद नहीं था, इसीलिए मैं वहाँ चाहे जब कबाब और नान खाने के लिए पहुँच जाता था, और इशारों से अपना काम चला लेता था। कभी-कभी ख़्वाजा अहमद अब्बास भी मेरे साथ होते थे और टूटी-फूटी रूसी बोलकर काम चला लेते थे।

एक शाम को चिली (जनूबी अमरीका) के शायर पाब्लो नेरूदा और अंग्रेज़ी नाविलनिगार और नक्क़ाद जैक लंजे भी हमारे साथ शरीक हो गए। पाब्लो नरूदा एक खोई-खोई सी दिलआवेज़ शख़्सियत का मालिक और हस्पानवी जुबान का सबसे बड़ा शायर है और पिकासो की तस्वीरों, अपने मुल्क के पहाड़ों, समंदरों, फूलों और

हिंदुस्तानी हुस्न का आशिक़ है। उसकी शायरी बेहद हसीन और मुतरन्निम है और उतनी ही इंक़लाबी। चिली के खान खोदनेवाले मज़दूरों से लेकर सोवियत यूनियन के अवाम तक हर शख़्स उसे जानता है। किसी ज़माने में उसके सर पर मौत की तलवार लटक रही थी और वो देस-बिदेस मारा-मारा फिर रहा था। अब उसके सर पर शोहरत और अज़्मत का ताज रखा है और वो ख़्वाबआलूद लहजे में बात करता है जैसे कहीं दूर पानी बरस रहा हो, सनोवर और चीड़ के दरख़्तों से हवा आहिस्ता-आहिस्ता गुज़र रही हो। वो स्पेन की ख़ानाजंगी में बारूद की बू सूँघ चुका है, और ख़ून का रंग देख चुका है, लेकिन उसका साँस दुनिया के न जाने कितने मुल्कों के फूलों की ख़ुशबू से बसा हुआ है और ये ख़ुशबू उसके नग़्मों में मुंतक़िल हो जाती है।

जब हम बाकू रेस्टोराँ में दाख़िल हुए तो कोई अज़रबैजानी नग़्मा बज रहा था, लेकिन हमारी सूरत देखते ही साज़ पर "आवार का गीत" बजने लगा। ये मुहब्बत और दोस्ती का एक ख़ूबसूरत इशारा था। रेस्टोराँ भरा हुआ था लेकिन सोवियतवालों ने अपने मेहमानों के लिए जगह ख़ाली कर दी और हम लोग एक मेज़ के गिर्द बैठ गए। गोर्की इंस्टीट्यूट (जहाँ तख़लीके-अदब और शायरी की तालीम दी जाती है) के दो अदीब तालिब-इल्मों ने हमें देखा, एक नौउम्र लड़की थी और एक लड़का। दोनों ने आपस में कुछ सरगोशी की। लड़की का चेहरा तमतमा उठा और गालों में हँसी के भँवर गहरे हो गए। फिर दोनों हमारी मेज़ पर चले आए। आहिस्ता-आहिस्ता मुहब्बत का ये हलक़ा वसी होता गया। नान, कबाब, शोरबे में से एशिया की ख़ुशबू आ रही थी और चारों तरफ़ चेहरों पर सोवियत की मुहब्बत के फूल खिल रहे थे। ये मुस्कुराहटें ही हमारे दर्मियान मुशतरक जुबान का काम कर रही थीं। शाशलक और लोला कबाब चख़कर नेरूदा को जामा मस्जिद देहली के मिर्च भरे चटपटे कबाब और पराँठे और मोतीमहल का पुलावा याद आ गया (पाब्लो नेरूदा सन् 1951 में हिंदुस्तान आए थे)।

यकायक बराबर की मेज़ पर शैंपेन का काग उड़ा। हमने मुड़कर देखा, दो लंबे क़द और छरेरे बदन के आर्मेनी वहाँ से उठकर हमारे पास आए और बग़ैर कुछ कहे हुए मेरा और अहमद अब्बास का हाथ पकड़कर हमें अपनी मेज़ पर ले गए। दोनों ने इशारों से नेरूदा और जैक लंज़े से माफ़ी माँगी और फिर हमारी तरफ़ मुखातिब हुए। उन्होंने पहले रूसी ज़ुबान में कुछ कहने की कोशिश की लेकिन जब मैंने और अहमद अब्बास ने कहा, "यानिये गवारो पारोस्की" (मैं रूसी नहीं बोलता), तो वो शायद आर्मेनी ज़ुबान बोलने लगे। हमने तफ़रीहन उन्हें उर्दू में जवाब दिया और हम चारों हँसने लगे।

फिर उनमें से एक ने गिलासों में शैंपेन उँडेली और तराशे हुए नफ़ीस बिल्लौर के जामों में पिघला हुआ सोना मुस्कुराने लगा। गिलासों को हाथ में लेकर और हमारी तरफ़ इशारा करके कहा, "इंदस्की" (हिंदुस्तानी) और अपनी तरफ़ इशारा करके कहा,

"आर्मेनिया। इंजीनियर।" मैंने और अहमद अब्बास ने अपने नाम बताए। उन दोनों में से एक ने कहा, "मीर" (अमन) और दूसरे ने कहा, "नेहरू।" फिर दोनों ने अपने-अपने जाम हवा में बुलंद करके एक साथ हाफ़िज़ का शेर पढ़ा—

अगर आन तर्क शीराज़ी बदस्त आरददिल मारा
बख़ाल हिंदोश बख़शम समरक़ंद बुख़ारा

इसके साथ उन्होंने हिंदुस्तान, नेहरू और अमन का जाम पी लिया।

मैं आज भी सोचता हूँ और महसूस करता हूँ कि ये जाम कितना हसीन था। उन दोनों को फ़ारसी नहीं आती थी, लेकिन हाफ़िज़ का शेर याद था। मालूम नहीं उसकी भी कोई तारीख़ी हैसियत है या नहीं, लेकिन ये मशहूर ज़रूर है कि हाफ़िज़ शीराज़ी के इस शेर पर तैमूर लंग ने हाफ़िज़ से ये कहा था कि "मैंने इतनी मेहनत से समरक़ंद और बुख़ारा को आरास्ता किया और तुमने अपने माशूक़ के छोटे से तिल पर उन शहरों को निसार कर दिया।" हाफ़िज़ ने जो भी जवाब दिया हो लेकिन न तो ये तैमूर को मालूम था और न हाफ़िज़ को कि एक दिन ये आशिक़ाना शेर सियासी पहलू भी इख़्तियार करेगा और समरक़ंद व बुख़ारा अमने-आलम की क़ीमत क़रार पा जाएँगे।

हाफ़िज़ ने समरक़ंद और बुख़ारा को महबूब के रुख़सार के एक छोटे से तल पर निछावर कर दिया, और आज के दौर में आर्मेनी इंजीनियरों ने अमने-आलम के लिए ये शहर हिंदुस्तान और नेहरू के हवाले कर दिए। ये तैमूर और दुनिया के सारे जंगजू हुक्मरानों की शिकस्त हैं और ख़ाले-महबूब और अमने-आलम की फ़तह।

[देहली, सन् 1958]

गलीना

गोल-सा चेहरा जो ग़ौर से देखने पर भद्दा मालूम होता था। छोटा-सा क़द और ज़रा गुदाज़ जिस्म। उम्र अड़तीस साल। ये गलीना थी, दिल के अमराज़ की डॉक्टर। मैंने जब उसे पहली बार देखा तो मुझे उसमें कोई ख़ुसूसियत नज़र नहीं आई। वो करोड़ों औरतों की तरह एक औरत थी और हज़ारों डॉक्टरों की तरह एक डॉक्टर और सोवियत यूनियन में ज़्यादातर औरतें डॉक्टर होती हैं। बाद में मुझे मालूम हुआ कि वो कम्युनिस्ट पार्टी की मेम्बर है और गुज़िश्ता जंग में जर्मनी के ख़िलाफ़ लड़ चुकी है। ये भी कोई ख़ास बात न थी। मैं मिलने के बाद उसे फ़ौरन भूल गया। नए-नए चेहरे सिनेमा की तस्वीरों की तरह मेरी आँखों के सामने से गुज़रते रहे लेकिन फिर एक दिन ...

एक दिन क्या हुआ उसके लिए मुझे एक पूरी कहानी कहनी पड़ेगी और ये कहानी उन तमाम कहानियों की तरह ख़ूबसूरत और हैरतअंगेज़ है, जिनके किरदार और वाक़ियात आम ज़िंदगी से आते हैं। ज़िंदगी सबसे बड़ी अफ़सानानिगार है।

गलीना ने अपनी उम्र में बहुत-से मरीज़ देखे थे। किसी का दिल बढ़ गया था, किसी के दिल का कोई गोशा छोटा हो गया या बंद हो गया था। कोई दिल ज़्यादा धड़कता, और कोई कम। और जंग के ज़माने में तो उसने ऐसे दिल भी देखे थे जिनके टुकड़े-टुकड़े हो गए थे, न जाने कितने दिलों के धड़कते हुए टुकड़े अपने हाथों उठाए थे। लेकिन गलीना का नया मरीज़ सबसे ज़्यादा अजीब व ग़रीब था, उसे दिल की बीमारी थी। वो शायर था और एक दूर-दराज़ मशरिक़ी मुल्क से आया था। जवानी में उसने अपने मुल्क की तहरीके-आज़ादी में हिस्सा लिया था, लेकिन आज़ादी के बाद उसका मुल्क दुबारा साम्राजी साज़िशों के जाल में फँस गया, और आज़ादी का ये जवाँसाल सिपाही जो अब शायर और अदीब बन चुका था, अपने आज़ाद मुल्क के क़ैदख़ाने में बंद हो गया, जेल से बाहर निकलकर उसे अपने वतन में रूपोश होना पड़ा। वो इनसानों के हुजूम में एक तनहा परछाईं की तरह घूमता रहा, और उसकी शायरी एक सुनहरी शोले की तरह करोड़ों दिलों को हरारत बख़्शती रही और करोड़ों दिलों के अंदर नूर और हरारत बनकर उतर जाने के जुर्म में उसे एक दिन फिर गिरफ़्तार कर लिया गया और वो तेरह साल तक लोहे की सलाख़ों और पत्थर की दीवारों में असीर रहा। न जाने कितने साल उसने सूरज की रौशनी

और आसमान का नीला रंग नहीं देखा। और एक दिन जब उसे कुछ देर के लिए काल-कोठरी से बाहर निकाला गया तो उसने बेताब होकर कहा, "आसमान के जगमगाते नीलम से ज़्यादा हसीन कोई चीज़ नहीं है। यही मेरी आज़ादी है। यही मेरी महबूबा।" और आसमान के नीले रंग से मुहब्बत करने के जुर्म में उसे फिर कालकोठरी में ठूँस दिया गया, वहाँ उसका दिल तनहा धड़कता रहा और तनहा धड़कते-धड़कते बीमार हो गया। ये बीमार दिल उसकी तनदुरुस्त व तवाना और ख़ूबसूरत नज़्मों की शक्ल में संगीनों के पहरे से बाहर निकला और दुनिया में फैल गया। इस आवाज़ को सुनकर मुहज़्ज़ब इनसानियत चीख़ उठी और आख़िर जेल में बंद शायर के क़ौमी हुक्मराँ उसे तेरह साल के बाद रिहा करने पर मजबूर हो गए।

तेरह साल बाद उसने चाँद और सूरज को आज़ाद देखा, उनके चेहरों पर लोहे की सलाख़ों के निशान नहीं थे। तेरह साल बाद उसने अपने शहर की तंग-व-तारीक गलियों में दोबारा क़दम रखा, और ख़्वांचेवालों की रसीली आवाज़ें सुनीं। और तरकारियों का ताज़ा रंग और फूलों की भीनी ख़ुशबू महसूस की। तेरह साल बाद उसने अपनी बीवी को प्यार किया, लेकिन उसका दिल बीमार था, जिसके लिए उसे इलाज और आराम की ज़रूरत थी और यह उसे अपने मुल्क और अज़ीज़ वतन में नसीब नहीं हो सकता था। उसकी आम मक़बूलियत उसकी दुश्मन थी। सरकारी जासूसों की परछाइयाँ उसके पीछे-पीछे थीं और लोहे की हथकड़ियाँ और जेल की जंज़ीरें उसके हाथों और पैरों को ढूँढ रही थीं। बीमार शायर अपने इलाज के लिए सोवियत यूनियन आ गया। वैसे उसकी उम्र ज़्यादा न थी। पचास से कुछ ही ऊपर थी। लेकिन दिल की बीमारी ने उसे बूढ़ा कर दिया था।

गलीना के हाथों में इलाज के लिए ऐसा दिल कभी नहीं आया था जो इतना बीमार था कि उसके धड़कने पर हैरत होती थी, फिर भी इतना ज़िंदा था कि कोई इतना ज़िंदा नहीं हो सकता। वह डॉक्टर से ऐसी बातें करता था जो उसने कभी नहीं सुनी थीं। "तुम मेरे दिल का इलाज़ क्या करोगी! मेरे सीने में दिल कहाँ है! वह तो दुनिया के मुख़्तलिफ़ हिस्सों में बिखरा हुआ है।" फिर वह कभी उस दिल की बातें करने लगता जो उसके पहलू में था। "मेरे सीने में जो दिल है वह नगीने की तरह है। उसमें कितने ही अक्स दिखाई दे रहे हैं, उसमें मेरी बीवी का दमकता हुआ रुख़सार है। मेरे बच्चे की नन्ही-सी मुस्कुराहट है जो मेरे चले जाने के चंद महीने बाद पैदा हुआ, और जिसकी सूरत मैंने आज तक नहीं देखी। उसमें हिंदुस्तानी किसानों के झोंपड़ों के चिराग़ जगमगा रहे हैं और ईरान और अफ़्रीक़ा के शहीदों का ख़ून शफ़क़ की तरह फैला हुआ है। जमशेद का जाम एक अफ़साना था, और मेरा दिल एक हक़ीक़त है, और हर ज़माने का दिल हक़ीक़त होता है। जमशेद के जाम से बड़ी और ज़्यादा क़ीमती हक़ीक़त।" यह कहते-कहते उसकी आँखों के नीले फ़रिश्ते हँसने लगते, और जब वह चुप हो जाता तो दोनों आँखें दो बड़े प्यारे और

मुहज़्ज़ब बच्चों की तरह पलकों के नीचे से झाँकने लगतीं, और गलीना ख़ामोशी से उसके ख़ून का दबाव देखती रहती और बिजली से उसके दिल की धड़कनों का नक़्शा बनाती रहती और फिर मुस्कुराकर कहती, "कौन कहता है तुम्हारा दिल बीमार है!" और इस बात का यक़ीन न शायर को आता न डॉक्टर को क्योंकि इस फ़िक़रे के फ़ौरन ही बाद गलीना उसके एक इंजेक्शन लगा देती थी।

"दिल ही तो सब कुछ है। हमारी मशरिक़ी शायरी में अगर दिल बीमार न हो और उसमें दर्द न हो तो शायर शेर ही नहीं कह सकता। तुम मेरा इलाज करके मेरी शायरी छीन लेना चाहती हो।" यह कहते-कहते वह गलीना के हाथ से ग्लास लेकर अपनी दवा पी लेता था।

मरीज़ को सीढ़ियाँ चढ़ने की इजाज़त नहीं थी क्योंकि इससे दिल की धड़कन तेज़ हो जाती थी। लेकिन जब उसका कोई दोस्त या चाहनेवाला कहीं से आ जाता तो वह उसे पहली मंज़िल का कमरा दिखाने ज़रूर ले जाता जो तरह-तरह की चीज़ों से भरा हुआ था। मुख़्तलिफ़ ज़ुबानों की हज़ारों किताबें जो बार-बार मुहब्बत भरी उँगलियों का लम्स और नीली-नीली शफ़्फ़ाफ़ आँखों की हरारत महसूस कर चुकी थीं। और सारी दुनिया के अवामी फ़न के नमूने, मिट्टी के घोड़े, लकड़ी के खिलौने, शोख़ रंगों की तस्वीरें, काग़ज़ के फूल, और पेरमाशी की मेज़ें और इस तरह की दूसरी बेशुमार चीज़ें जिनमें हिंदुस्तान की अप्सराएँ, कोहेक़ाफ़ की परियाँ, चीन के अफ़सानवी इफ़रीत और मग़रिबी मुमालिक के अवामी फ़न की देवियाँ रहती थीं। वहाँ की दीवारों और मेज़ों पर वो दस्तकारियाँ जमा थीं जिनके मेयारे-हुस्न ने सदियों के जौक़े-जमाल की तरबियत की है। वहाँ फ़ितरत की रानाइयाँ और अफ़सानों के ख़्वाब रंगों में असीर थे। और बीमार शायर अपने दोस्तों और मेहमानों को एक-एक चीज़ बड़े शौक़ से दिखाता था, जैसे कह रहा हो कि "देखो ये सब मेरी तनहाई के साथी हैं।" फिर वह उन्हीं चीज़ों के मुताबिक़ रूसी मौसमों की बातें करने लगता, जैसे वो भी इसके रफ़ीक़ हों, मौसम जो साल में कई बार बदलते और कभी उसके लिए फूलों और ख़ुशबूओं का तोहफ़ा लाते। कभी फलों की सौग़ात, कभी ठंडी हवाओं का नज़राना और कभी फ़िज़ाओं में उड़ती हुई बर्फ़ानी परियों की रुपहली मुस्कुराहट। पहली बार जब मैं मास्को से 30-40 मील दूर पाइन और फ़र के जंगलों के अंदर लकड़ी के बने हुए छोटे-से मकान में उससे मिलने गया था, तो जाड़ों का मौसम अपने शबाब पर था, हद्दे-नज़र तक बर्फ़ ही बर्फ़ जमी हुई थी और क़द्दावर दरख़्तों ने बर्फ़ के सफ़ेद गाले ओढ़ रखे थे, और शायर ने बंद खिड़की के शीशे में से इशारा करते हुए कहा था कि, "ये सफ़ेद संतरी यहाँ की परियों के मुहाफ़िज़ हैं, और शाम से सुबह तक और सुबह से शाम तक खड़े रहते हैं। कभी-कभी जब तेज़ हवा चलती है तो ये गाते हैं वरना ख़ामोशी से साँस लेते रहते हैं। मेरा दिल उन्हीं की तरह जवान है।" वह अपने कमरे की ख़ूबसूरत चीज़ें और बाहर के मनाज़िर की बातें इस तरह

मुसलसल करता जैसे कोई पहाड़ी चश्मा बह रहा हो और फिर बातें करते-करते ऐसे जोश में आ जाता था कि डॉक्टर को उसे टोकना पड़ता था। दरअसल उसे सीढ़ियाँ चढ़ने ही की नहीं बल्कि ज़्यादा बातें करने की भी मुमानिअत थी।

गलीना ने दिल के इस मरीज़ को फ़िक्रों से भी आज़ाद रहने की ताकीद की थी, लेकिन वह अपने लिए परेशानी का कोई न कोई सामान करता ही रहता था। जब उसे चुप रहने को कहा जाता तो वह फ़ौरन चुप हो जाता था और अपने मेहमानों से जो ज़्यादातर दूसरे मुमालिक के शायर, अदीब और सियासतदाँ होते थे, फ़रमाइश करता था कि वो अपने मुल्कों के हाल सुनाएँ ताकि वो ख़ुद ख़ामोश रह सके, इस पर डॉक्टर भी ख़ुश हो जाती थी और दौड़-दौड़कर मेहमानों की ख़ातिर करने लगती थी, कभी उनके लिए क़हवा बनाकर लाती थी, कभी उनके जाम में शराब उँडेलती थी। कभी उन्हें सिगरेट पेश करती थी, और कभी संतरे, सेब और नाशपातियाँ छील-छीलकर खिलाती थी। उस वक़्त डॉक्टर के बजाय घर की मुंतज़िमा बन जाती थी, और शायर मेहमानों की बातों में इतनी दिलचस्पी लेता था, गोया वह ख़ुद अपने घरवालों का हाल सुन रहा है। वो बंबई के मज़दूर हों, या कलकत्ते के रिक्शावाले, हिंदुस्तानी अदीब हों या अमरीकी साइंसदाँ, मिस्र और तुर्की के मुजाहिद हो या अफ्रीक़ा और मलाया के जाँबाज़, सब उसे अपने अज़ीज़ दोस्तों की तरह अज़ीज़ थे, और उनकी मुसीबत और जाँबाज़ों की दास्तानें सुनते-सुनते उसके आँसू आ जाते थे, कभी ग़ुस्से से उसका चेहरा तमतमा उठता था, और कभी इंतहाई ख़ुशी के आलम में वह क़हक़हा मारकर हँसता था, और दोनों हालतें उसके दिल के लिए ख़तरनाक थीं। और जब गलीना उसे फिर रोकती थी, तो वो यह कहकर अपने आपको सँभाल लेता था, "मगर शायर का दिल फ़िक्रों से आज़ाद कैसे हो सकता है।"

और गलीना इस बात को अच्छी तरह समझती थी कि शायर के दिल को फ़िक्रों से आज़ाद नहीं किया जा सकता हालाँकि डॉक्टरी एतबार से शायर का दिल और ग़ैर-शायर का दिल एक-सा होता है, वही गोश्त का एक लोथड़ा जो अपनी मुसलसल हरकत से रगों में गर्म और सुर्ख ख़ून दौड़ाता रहता है।

उसके इलाज के लिए उसे तनहा भी नहीं रखा जा सकता था, क्योंकि तनहाई में उसका दिल और भी बेक़ाबू हो जाता था और हर धड़कन एक नग़्मा बन जाता था, नग़्मों से मिसरे, मिसरों से शेर और शेरों से नज़्में बन जाती थीं। ये नज़्में उस नन्ही लड़की पर आँसू बहाती थीं जो हिरोशिमा में एटम बम का शिकार हुई थी, जिसके बाल जल गए थे और आँखें ज़हरीले धुएँ से अंधी हो गई थीं, जो 6 साल की थी। अब यह 6 साल की लड़की दुनिया के हर इनसान का दरवाज़ा खटखटा रही थी, और उससे उसके दिल और उसके नाम की भीख माँग रही थी ताकि दूसरी लड़कियाँ 6 बरस की न रह जाएँ। ये नज़्में उन जापानी माहीगीरों का दर्द महसूस करती थीं जिनकी किश्तियों पर हाइड्रोजन बम की राख बरस रही थी, जो अपनी

बीवियों को प्यार नहीं कर सकते थे, क्योंकि यह मुहब्बत का बोसा अब मौत का बोसा बन चुका था।

आख़िर एक दिन शायर के दिल ने जवाब दे दिया, पहाड़ी चश्मों की तरह गाती हुई आवाज़ सरगोशियों में तब्दील हो गई, गलीना ने मरीज़ को देखा तो उसके चेहरे का रंग उड़ गया। शायर का थका हुआ दिल आराम करना चाहता था। गलीना अपने आँसू पी गई और एक इंजेक्शन लगाकर कमरे से बाहर निकल गई। थोड़ी देर बाद उस घर में दिल के माहिर डॉक्टरों की कांफ्रेंस हो रही थी, और सबने यही फ़ैसला कर दिया कि मरीज़ का आख़िरी वक़्त आ गया है। शायर का थका हुआ दिल आराम करना चाहता था। गलीना ने रुँधी हुई आवाज़ में अपने आपसे कहा, "अब कोई उम्मीद बाक़ी नहीं रही।" रुख़सत होते हुए एक बूढ़े डॉक्टर ने उसे तसल्ली देने की कोशिश की, "वैसे कोई उम्मीद नहीं है लेकिन अगर मरीज़ के जिस्म में बीमारी से लड़ने की ताक़त बाक़ी रह गई है तो बच जाने का इमकान है।" गलीना ने मायूसी से सर हिलाया और अपने आपको धोखा देने के लिए बोली, "हाँ, आख़िरी वक़्त आख़िरी कोशिश के लिए सारी बची हुई ताक़तें एक साथ ऊदकर आती हैं।"

डॉक्टरों के जाने के बाद गलीना शायर के वीरान घर में खोई-खोई सी घूम रही थी। पहले उसने उस कमरे में झाँक के देखा जिसमें मरीज़ की साँस बहुत आहिस्ता-आहिस्ता चल रही थी। फिर पंजों के बल चलती हुई वो दूसरे कमरे में गई, फिर तीसरे कमरे में पहुँची। शायर के हाथ के सजाए हुए मुजस्समे और तस्वीरें, नन्ही-नन्ही चीज़ें इनसान के हर ग़म से बेख़बर अब भी जगमगा रही थीं। गलीना ने अलमारी में से कई किताबें निकालीं। उनमें शायर की ख़ुद अपनी लिखी हुई किताबें थीं। उसने उन्हें बड़ी मुहब्बत के साथ अपने रूमाल से साफ़ किया हालाँकि उन पर गर्द का नाम-निशान भी नहीं था। फिर उसने आहिस्ता-से एक किताब खोली, ये शायर का दीवान था। खुले हुए सफ़े पर लिखा था—

भाइयो!
मैं मरना नहीं चाहता।
वो मुझे क़त्ल कर देंगे तो मैं तुम्हारे दिलों में ज़िंदा रहूँगा।
मैं आरागोन की नज़्मों में ज़िंदा रहूँगा :
उन मिसरों में जो आनेवाले ख़ूबसूरत दिनों की बशारत देते हैं।
मैं पिकासो के फ़न में ज़िंदा रहूँगा।
राब्सन के गीतों में ज़िंदा रहूँगा।
और सबसे ज़्यादा
और सबसे बेहतर तरीक़े से
मैं रफ़ीक़ों के कामयाब व कामराँ क़हक़हों में ज़िंदा रहूँगा।

ये नज़्म शायर ने अपने वतन की जेल में भूख हड़ताल के पाँचवें दिन लिखी थी। गलीना को याद आया कि भूख हड़ताल के वक़्त भी शायर के बीमार दिल की यही हालत हो गई थी। वो फ़ैसला न कर सकी कि ये नज़्म शायर के मरने की ख़बर दे रही है या ज़िंदा रहने की। वो किताब को अलमारी में बड़ी एहतियात से रखकर नीचे उतर आई। अब वो खाने के कमरे में खड़ी थी, मेज़ पर रूसी दस्तकारों के बनाए हुए लकड़ी के सुर्ख़, नीले, और फूलों से सजे हुए चमचे रखे थे। अलमारियों से हसीन व जमील बरतन झाँक रहे थे। दीवार पर लगी हुई लकड़ी की एक घड़ी में बैठी हुई एक चिड़िया गा रही थी, और शीशे की बड़ी-सी खिड़की पर कई गुलदान और गमले रखे हुए थे और खिड़की के बाहर सफ़ेद बर्फ़ का मंज़र था। गलीना बड़ी देर तक एक-एक पौधे को अपने हाथ से छूती रही और फिर एक गमले के सामने रुक गई जिसमें पौधे के बजाय सिर्फ़ ठूँठ खड़ा था। ख़िज़ाँ के मौसम में उसकी पत्तियाँ झड़ चुकी थीं और बहार के आने में देर थी। गलीना फूल और पत्तियों से आरी उस लकड़ी के सूखे टुकड़े को देखती रही और फिर न जाने क्या सोचकर उसने मेज़ से पानी का जग उठाकर गमले में उड़ेल दिया। थोड़ा-सा पानी गमले में समाया और बाक़ी छलककर उसके दामन और ज़मीन पर गिरा।

गलीना ख़ाली जग मेज़ पर रखने के लिए मुड़ी तो देखा कि वहाँ नताशा खड़ी हुई है। उसकी बीस-बाईस बरस की जवान आँखों में आँसू थे और मेज़ पर खाना सजा रही थी।

"किसलिए?" गलीना ने हैरत से पूछा।

"जिसके लिए तुम सूखे हुए पेड़ में पानी डाल रही हो।" नताशा जवाब देते हुए गलीना से लिपट गई।

"एक मंज़िल पर आकर दवाएँ बेकार हो जाती हैं और डॉक्टर अपने आपको बेबस महसूस करने लगते हैं।" गलीना ने एतराफ़े-शिकस्त किया।

"लेकिन उम्मीद भी कोई चीज़ है," नताशा ने कहा। 'मैंने शायर के लिए आज भी खाना पकाया है।"

'मैं सोचती हूँ नताशा कि पेड़ सूख जाते हैं, उनकी पत्तियाँ झड़ जाती हैं, लेकिन फिर बहार आती है और सूखे पेड़ों में फूल खिल जाते हैं। अगर आदमी के जिस्म में बीमारी से लड़ने की ताक़त बाक़ी हो तो वो हर बीमारी पर क़ाबू पा लेता है। आख़िरी वक़्त तमाम ताक़तें दोबारा ऊदकर आती हैं।" गलीना ने फिर वही फ़िक़रा दोहराया जो अपने आपको धोखा देने के लिए उसने थोड़ी देर पहले बूढ़े डॉक्टर से कहा था, फिर कुछ रुककर बोली, "लेकिन बहार लाई जा सकती है।"

नताशा ने बड़ी मुहब्बत से गलीना के रुख़सारे पर प्यार किया, और बावर्ची ख़ाने में चली गई, और गलीना ये कहती हुई बीमार शायर के कमरे में दाख़िल हो गई, "तो अपने दिल को तसकीन दे रही हूँ।" शायर की साँस बहुत आहिस्ता-आहिस्ता

चल रही थी, नब्ज़ें डूबी हुई थीं, आँखें नक़ाहत से बंद थीं। ये कहना मुश्किल था कि वो सो रहा है या बेहोश है।

दिन हफ़्तों में तब्दील हो गए, शायर की हालत बदस्तूर नाज़ुक रही। नताशा दोनों वक़्त खाना पकाकर उसके लिए मेज़ पर सजाती थी, उसकी महबूब ख़ूबसूरत प्यालियों में कई बार क़हवा उड़ेलती थी और गलीना उसे दवाएँ देती रही, और सूखे पौधे में पानी डालती रही, दिल के अमराज़ के माहिर दबे पाँव आते थे और मायूसी से सिर हिलाते हुए चले जाते थे।

"बहार के मौसम में अभी कितने दिन बाक़ी हैं?" गलीना चाहे जब नताशा से पूछती, और नताशा अपना पुराना जवाब दोहरा देती, "दिन नहीं, महीने। अभी तो ख़िज़ाँ का मौसम ख़त्म हुआ है, अब बर्फ़बारी हो रही है, फिर ज़मीन और आसमान पर बर्फ़ जम जाएगी, फिर ठंडी हवाएँ चलेंगी और वो आसमान से बादलों को हँका देंगी, और फिर सूरज की किरणें ज़्यादा गर्म हो जाएँगी, और बर्फ़ पिघलने लगेगी और ज़मीन में बर्फ़ के नीचे से घास की नन्ही-नन्ही उँगलियाँ बाहर निकलेंगी और हवाओं में ख़ुशबू फैल जाएगी, सूखे हुए दरख़्तों में नई नाज़ुक पत्तियाँ आएँगी और फिर सख़्त डंठल को तोड़कर एक नर्म कली बाहर निकलेगी, फिर दूसरी कलियाँ, और सारा जंगल फूलों से भर जाएगा। और शायर अच्छा हो जाएगा।"

"इतने दिन ज़िंदा रहना मुश्किल है। एक-एक रात भारी हो रही है। डॉक्टरी एतबार से तो इस दिल में अब कुछ नहीं रखा है, लेकिन जिस्म की ताक़त बीमारी से लड़ रही है।" यह कहकर गलीना अपने आँसू पोंछ लेती।

"क्या दवा इस ताक़त को बढ़ा सकती है?" नताशा पूछती।

"क्यों नहीं," गलीना बड़े एतमाद से जवाब देती। "अगर दवाएँ इस ताक़त को बढ़ाने में कामयाब हो गईं तो मैं शायर को बचा लूँगी।"

एक दिन नन्हे-से बच्चे की तस्वीर आई जो न जाने कैसे शायर के वतन से बाहर निकली थी और दुनिया के मुख़्तलिफ़ मुल्कों का चक्कर लगाती हुई यहाँ पहुँची थी। गलीना ने लिफ़ाफ़ा खोला। तस्वीर के नीचे नाम लिखा हुआ था 'मुहम्मद'। गलीना इस मासूम नाम से वाक़िफ़ थी। वो तस्वीर लेकर कमरे में गई, उसकी नब्ज़ें डूबी हुई थीं, साँस बहुत आहिस्ता-आहिस्ता चल रही थी और आँखें नक़ाहत से बंद थीं। गलीना ने तमाम डॉक्टरी उसूल बालाए-ताक़ रख के शायर को हौले से आवाज़ दी, उसका शाना हिलाकर कहा, "मुहम्मद की तस्वीर आई है।" शायर ने अपनी नहीफ़ आँखें खोल दीं और काँपते हुए हाथों से तस्वीर ले ली। तस्वीर हाथ में आते ही उसके जिस्म पर बड़े ज़ोर का राशा तारी हुआ और तस्वीर छूटकर उसके सीने पर गिर गई। आँखें फिर बंद हो गईं। गलीना और दूसरे डॉक्टरों ने जो वहाँ मौजूद थे, घबराकर नब्ज़ देखी, वो और डूब चली थी। आख़िरी वक़्त आ गया था। तमाम डॉक्टरों ने एक-दूसरे की तरफ़ देखा और नज़रें झुका लीं। बूढ़े डॉक्टर ने गलीना

को सहारा देकर कमरे से बाहर निकाला—"डॉक्टरों को इतना जज़्बाती नहीं होना चाहिए।"

"मैं जज़्बाती नहीं हूँ, जर्मनों के ख़िलाफ़ लड़ चुकी हूँ," गलीना ने एहतिजाज किया। "कोई डॉक्टर अपनी शिकस्त बर्दाश्त नहीं कर सकता, और हर मौत किसी न किसी डॉक्टर की शिकस्त ज़रूर होती है। मैंने जो दवा दी है उसे काम करना चाहिए।"

ये कहती हुई गलीना खाने के कमरे में चली गई। उसकी हैरत की कोई इंतहा न थी। सूखे हुए पौधे में एक नन्ही सी कली मुस्कुरा रही थी। उसे देखते ही गलीना पागलों की तरह क़हक़हा मारकर हँसने लगी और ये भूलकर कि वो ख़ुद एक डॉक्टर है, और मरीज़ की हालत नाज़ुक है, वो दौड़ती हुई उसके कमरे में गई और उससे लिपट गई।

"तुम अच्छे हो जाओगे, तुम अच्छे हो जाओगे, फूल लिख गया है," वो बिलकुल बच्चों की तरह हर लफ़्ज़ को तोड़-तोड़कर बोल रही थी।

डॉक्टरों ने उसे फिर सहारा देकर कमरे से बाहर निकाल दिया।

मरीज़ की नब्ज़ें दूसरे दिन सुबह तक डूबी रहीं और फिर उभरने लगीं और कई घंटे बाद शायर ने आँखें खोलकर पूछा, "गलीना, तुम हँस क्यों रही थीं?"

बूढ़े डॉक्टर ने गलीना को याद दिलाया, "मैं न कहता था कि जिस्म में बीमारी से लड़ने की ताक़त बाक़ी है। हमारी दवाओं ने उसे बढ़ा दिया।"

गलीना ने सिर्फ़ इतना जवाब दिया, "शायर का दिल ख़ुद फूल होता है, लेकिन वो मौत से भी लड़ सकता है। मुझे नहीं मालूम था कि तुम्हरे दिल में इतनी ताक़त है।"

"हाँ, मैं मरना नहीं चाहता," ये शायर की अपनी ही नज़्म का मिसरा था। "मुहम्मद मेरा इंतज़ार कर रहा है।"

अपने खाने की मेज़ पर बैठकर तुर्की के अज़ीम शायर नाज़िम हिकमत ने अपनी डॉक्टर गलीना का वाक़िया मुझे सुनाया। उबले हुए चावल और किशमिश को अंगूर की पत्तियों से लपेटकर तल दिया गया था, फिर उन्हें अंगूर की ख़ोशों की शक्ल में सजाकर प्लेटों में रख दिया गया था। नाज़िम हिकमत का हाथ एक ख़ोशे को एक छुरी से काटते-काटते रुक गया, और वो इस गमले को अपने हाथों में उठा लाए, जिसकी ख़ुश्क टहनी में गलीना ने अपने आँसुओं से फूल खिला दिया था, नाज़िम हिकमत ने कहा कि "मैं ख़ुद भी इस वाक़िये को लिखूँगा, लेकिन मैं चाहता हूँ कि तुम भी इस पर लिखो। ये बड़ा ख़ूबसूरत वाक़िया है।"

मैंने उसके हुस्न की दाद देते हुए कहा कि "अगर ये वाक़िया पाँच-सात बरस पहले के यूनान या हिंदुस्तान में पेश आया होता तो उसके गिर्द एक अफ़साना बन जाता, और एक हसीन देवी की तख़लीक़ हो जाती और न जाने कितने आदमी और

कितनी नस्लें इस अक़ीदे से तक़वियत और तस्कीन हासिल करतीं कि इनसान की ज़िंदगी फूलों में होती है, और औरत के आँसू बर्फ़ के मौसम में भी फूल खिला सकते हैं, और दुनिया इस देवी के मुजस्सिमों से जगमगा उठती और अजंता-एलौरा की तर्ज़ पर न जाने कितनी दीवारें और कितने ग़ार उसकी तस्वीरों से आरास्ता हो जाते।"

"लेकिन ये इश्तराकी समाज का वाक़िया है।" नाज़िम हिकमत ने फिर बोलना शुरू कर दिया, "उसमें ज़रा-सी भी वहमपरस्ती नहीं है। गलीना सूखे पौधे में पानी डालकर सिर्फ़ अपने दिल को तस्कीन दे रही थी। अच्छा तो मैं दवाओं से हुआ हूँ। ये इस नए समाज की नई इनसानियत का एक हसीन इज़हार है।"

गलीना उस वक़्त वहाँ मौजूद नहीं थी। मैंने उसकी सूरत याद करने की बहुत कोशिश की लेकिन वो इतनी मामूली थी कि मैं उसे बिल्कुल भूल चुका था। नाज़िम हिकमत ने कई बार उसका हुलिया बयान करके मुझे उसकी शक्ल याद दिलाने की कोशिश की, मगर हर बार मेरे जेह्‌न में एक पंद्रह-सोलह बरस की लड़की की तस्वीर बन जाती थी।

छः महीने बाद गर्मियों के मौसम में जब मैं दोबारा मास्को गया और नाज़िम हिकमत से मिलने उनके घर पहुँचा तो बरामदे में एक 38 बरस की औरत ने मेरा इस्तक़बाल किया। वो बैठी हुई कुछ टाइप कर रही थी। मेरे पहुँचते ही वह उठकर खड़ी हुई और मुझे ले जाकर खाने के कमरे में बिठा दिया और फिर दौड़कर नाज़िम हिकमत को बुला लाई।

मैंने पहला सवाल ये किया, "गलीना कहाँ है?" उसका जवाब खुद उसने हँसकर दिया, 'मैं ही गलीना हूँ। याद नहीं रहा पिछले दिसंबर में पाब्लो नरूदा के कमरे में नाज़िम हिकमत के साथ मैं मौजूद थी!" और उसने कुछ इस तरह मेरी तरफ़ देखा जैसे पूछ रही हो, "और क्या कहना चाहते हो?"

मैंने नाज़िम हिकमत का बयान किया हुआ क़िस्सा सुना दिया। वो खिलखिलाकर हँसने लगी, और एकदम से पंद्रह-सोलह बरस की लड़की में तब्दील हो गई। उसने अलमारी से शराब की कई बोतलें निकालीं और सामने मेज़ पर सजा दीं और मेरी बात का जवाब देने के बजाय एक बोतल से गिलासों में शराब उड़ेलते हुए कहने लगी, "चख़ के देखो कैसी है, ये शराब मैंने बनाई है।"

वो वाक़ई बहुत अच्छी शराब थी। इसकी तसदीक़ तो इतालवी मेहमानों ने की जो अभी-अभी नाज़िम हिकमत से मिलने आए थे।

मैंने पूछा, "तुम शराब भी बनाती हो? नाज़िम हिकमत तो नहीं पीते, शायद उनके दिल के लिए अच्छी न हो।"

वो फिर हँसने लगी। 'मैं तो मेहमानों के लिए बनाती हूँ।"

नाज़िम हिकमत ने बताया कि गलीना आजकल टाइप करना सीख रही है और साथ-साथ तुर्की ज़ुबान भी सीख रही है।

गलीना ने उसकी ताईद ये कहकर की कि “अब मैं नाज़िम की नज़्मों का तर्जुमा किया करूँगी।”

इस बार इस्मत चुग़ताई भी मेरे साथ थीं और उन्हें इस वाक़िये में एक औरत की फ़तह का एहसास था। मैंने इस्मत से मुड़कर कहा, “हमारे मुल्क में ऐसे डॉक्टर क्यों नहीं होते?”

इस्मत के बजाय उसका जवाब नाज़िम हिकमत ने दिया, “हमारे मुल्कों में भी ऐसे ही डॉक्टर होते हैं लेकिन हम उनकी फ़ीस अदा नहीं कर पाते।”

“क्या फ़ीस होती है ऐसे डॉक्टरों की?” मैंने हैरत से पूछा क्योंकि मुझे मालूम था कि सोवियत यूनियन में इलाज मुफ़्त होता है और डॉक्टरों की तनख़्वाह रियासत की तरफ़ से मिलती है।

“इश्तराकी समाज,” नाज़िम हिकमत ने मुस्कुराकर कहा। “ऐसे डॉक्टर इस फ़ीस के बग़ैर नहीं आते।” गलीना उस वक़्त हमारी प्यालियों में क़हवा उड़ेल रही थी।

मैंने रुख़सत होते हुए गलीना के चेहरे को ग़ौर से देखा। अब मैं इस औरत को कभी नहीं भूल सकता, जिसमें कोई खास बात नहीं है, गोल-सा चेहरा जो ग़ौर से देखने पर भद्दा मालूम होता है, छोटा-सा क़द और ज़रा गुदाज जिस्म, उम्र अड़तीस साल, करोड़ों औरतों की तरह एक औरत, हजारों डॉक्टरों की तरह एक डॉक्टर।

जब हमारी मोटर रवाना हुई तो गलीना बरामदे में बाहर खड़ी हुई हाथ हिला रही थी।

[मास्को, जुलाई सन् 1955]

ज़ौक़े-तामीर

30 जुलाई, सन् 1955

एमा की शरबती आँखें बहुत दूर देख रही थीं और बालों का सुनहरी ताज स्तालिनग्राद के गर्म सूरज की रौशनी में जगमगा रहा था और होंठों का छोटा-सा मासूम ख़म जिसमें अभी कुछ देर पहले एक नन्ही-सी मुस्कुराहट खेल रही थी, काँपकर रह गया था। वो ये कहकर ख़ामोश हुई थी कि "यहाँ एक-एक चप्पे के लिए सैकड़ों बहादुरों का ख़ून बहा है, कभी चोटी पर जर्मनों का क़ब्ज़ा होता था और ढालों पर सुर्ख़ फ़ौज का और कभी चोटी पर सुर्ख़ फ़ौज होती थी और ढालों पर जर्मन। इस पहाड़ी पर इतनी आग और इतना लोहा बरसा है कि लड़ाई ख़त्म होने के बाद दो बरस तक यहाँ घास नहीं उगी।"

ये पहाड़ी स्तालिनग्राद के तक़रीबन पचास मील लंबे शहर के वस्त में वाक़ा है और उसका नाम एक तातारी ख़ाँ मिमाई के नाम पर मिमाईफ़ रखा गया है। बहुत-सी रिवायतें मशहूर हैं। कोई कहता है कि सदियों पहले मिमाई ख़ाँ ने उस पहाड़ी पर क़ब्ज़ा कर लिया था और किसी का ख़याल है कि यहाँ इस सफ़्फ़ाक ख़ान को शिकस्त दी गई थी। उन रिवायतों की जो भी हैसियत हो, लेकिन यह हक़ीक़त है कि स्तालिनग्राद की लड़ाई में इस पहाड़ी को बहुत ज़्यादा अहमियत हासिल हुई, इस पर जर्मनों का क़ब्ज़ा था और वो यहाँ से पूरे स्तालिनग्राद पर बमबारी कर सकते थे। सोवियत यूनियन के बहादुर सुर्ख़ सिपाहियों ने वोल्गा के दूसरे साहिल से दरिया को पार करके उस पहाड़ी पर क़ब्ज़ा कर लिया, लेकिन उसके हर इंच के लिए उन्हें अपना ख़ून बहाना पड़ा और जो बात इस पहाड़ी के लिए कही जाती है वो पूरे स्तालिनग्राद पर सादिक़ आती है। ग़ालिबन यह तनहा शहर है जिस पर जर्मनों का क़ब्ज़ा होने के बाद भी क़ब्ज़ा नहीं हुआ, क्योंकि शहर के आम बाशिंदों ने वक़्ती शिकस्त भी मानने से इनकार कर दिया था। यही वजह है कि यहाँ से लड़ाई के धारे का रुख़ पलट गया।

पहाड़ी के ढाल जिनमें जंगी ख़ंदक़ों और सोवियत और जर्मन बमों ने जगह-जगह बड़े-बड़े गड्ढे बना दिए हैं, यहाँ के हज़ारों मील लंबे मैदानों में उगनेवाले छोटे-छोटे ख़ुशबूदार पौधों से ढके होते थे। जा-बजा बड़ी-बड़ी इजतिमाई क़ब्रें बनी हुई थीं और

हज़ारों शहीदों को अपने आगोश में सुलाए हुई थीं। सामने बूढ़े वोल्गा का पानी अपने क़दीम विक़ार के साथ बह रहा था, और किश्तियाँ और जहाज़ चल रहे थे। उसके पहलू-ब-पहलू रेल की पटरियाँ बिछी हुई थीं, और इंजन माल गाड़ियों की मुसलसल क़तारों को लिए हुए दौड़ रहे थे और उनकी सीढ़ियों की आवाज़ें तेज़ हवा के शानों पर लहरा रही थीं। दूर शुमाल की तरफ़ साहिल पर सुर्ख़ अक्तूबर नाम के फ़ौलादी कारख़ाने की चिमनियाँ अपने धुएँ के बाल खोले नज़र आ रही थीं और उनके पीछे स्तालिन ट्रैक्टर फ़ैक्टरी थी। शहर का जनूबी हिस्सा जो दरिया के किनारे-किनारे बहुत दूर तक चला गया है, गर्द के धुँधलके में खोया हुआ था, नीले आसमान के सफ़ेद बादल अपनी परछाइयाँ ज़मीन के नंगे सर पर आँचलों की तरह उड़ा रहे थे।

मैं दो-चार ख़ुशबूदार पौधे तोड़कर सूँघ रहा था कि एमा की आवाज़ फिर सुनाई दी, "अब हम उस पहाड़ी पर अच्छा बाग़ लगाएँगे।"

शहीदों की क़ब्रों पर खिले हुए फूलों की तरफ़ देखते हुए नौजवान शायर यूरी ने कहा कि "यहाँ के मैदानों में बहुत फूल नहीं होते और हम उसकी कमी महसूस भी नहीं करते थे क्योंकि यहाँ और भी बहुत-सी हसीन और दिल मोह लेनेवाली चीज़ें हैं। लेकिन अब स्तालिनग्राद में हमने बहुत-से फूल लगाए हैं, और अभी और फूल लगाएँगे।"

यूरी शायर है और मौसीक़ी का आशिक़। मौसीक़ी उसे विरसे में मिली है। उसकी माँ ओपेरा की गानेवाली थी, स्तालिनग्राद पर हमले के वक़्त जर्मनों ने उसे मार डाला। यूरी अपने वतन की हिफ़ाज़त के लिए फ़ौज में शामिल हो गया और नाज़ी फ़ौजों का पीछा करते-करते बर्लिन तक पहुँचा। बर्लिन में एक शाम को जब सुर्ख़ फ़ौज ने जर्मनों के सामने अपने नाच और गाने पेश किए तो यूरी ने उन्हें बाख़ का नग़्मा सुनाया। जर्मन बाशिंदे हैरान थे कि सोवियत के सुर्ख़ सिपाही जर्मन मौसीक़ार बाख़ का नग़्मा भी गाते हैं। उस वक़्त यूरी ने उन्हें बताया कि जब जर्मनों ने सोवियत यूनियन पर हमला किया था तो मास्को के बड़े थिएटर में एक और जर्मन मौसीकार वैगनर का नग़्मा गाया जा रहा था। अब वही यूरी स्तालिनग्राद का शायर था और मिमाईफ़ की पहाड़ी पर खड़ा हुआ फूलों से बातें कर रहा था।

उक्राइन की रहनेवाली काली आँखों और काले बालों की ओकसाना जो सूरत से ईरानी मालूम होती है और कभी-कभी कश्मीरी, बहुत देर से ख़ामोश थी और यह बात उसकी आदत के ख़िलाफ़ थी। वो मास्को से मेरे साथ आई थी। यूरी की बात सुनकर वो भी बोली, "स्तालिनग्राद हवाओं का शहर है। यहाँ गर्मियों में ख़ुश्क हवा चलती है और उसके साथ बर्फ़ के मीनार नाचते हुए आते हैं।"

"स्तालिनग्राद के लोग बर्फ़ के नाचते मीनारों को बहुत पसंद करते हैं," यूरी ने ओकसाना की ताईद की।

मैंने पूछा, "तुम लोग इन सर्द और ख़ुश्क हवाओं में भी फूल खिलाने पर आमादा

हो!" यूरी मुस्तक़बिल के स्तालिनग्राद की बातें करने लगा, "हम अब उसे पानी का शह्र बना देना चाहते हैं। गर्म और ख़ुश्क हवाएँ ज़मीन की सारी रतूबत पी जाती हैं, इसलिए हवाओं के शह्र को पानी का शह्र बनाना ज़रूरी है। वोल्गा की नहर बन चुकी है जिसने दोन और वोल्गा के पानी को आशिक़ व माशूक़ की तरह मिला दिया है। अब हम स्तालिनग्राद के लिए एक छोटा-सा समंदर भी बनाने वाले हैं। आसपास के खादरों में जो गड्ढे हैं कुछ तो पाट दिए जाएँगे और बाक़ी गड्ढों को ठीक करके उनमें बहता हुआ पानी भर दिया जाएगा और छोटी नदियों के जाल बिछ जाएँगे। फिर स्तालिनग्राद की आबो-हवा बदल जाएगी। ख़रबूज़े और तरबूज़ की तरह यहाँ अंगूर भी पैदा होने लगेंगे। कुछ लोगों ने तो अभी से अंगूर लगाने शुरू कर दिए हैं। लड़ाई से पहले यहाँ अंगूर बिलकुल नहीं होते थे।"

अब हम इजतिमाई क़ब्रों के पास से गुज़र रहे थे। वहाँ कई औरतें टहल रही थीं। एमा जो अब तक गंभीर थी, मुझे बताने लगी कि "ये औरतें यहाँ शहीद होनेवाली सिपाहियों की माँएँ, बहनें और बीवियाँ हैं, ये उनकी क़ब्रों पर फूल चढ़ाने आती हैं।"

"क्या यहाँ क़ब्रों की कोई पहचान है?" मैंने पूछा।

"नहीं, कैसे मुमकिन है, औरतें हर क़ब्र पर फूल चढ़ा देती हैं, किसी न किसी क़ब्र में उनके प्यारे ज़रूर होंगे।" अब उसने अपनी टूटी हुई बात का सिरा फिर पकड़ लिया, "उस पहाड़ी पर अब भी बमों और गोलियों के टुकड़े मिल जाते हैं।" उसने अपने पाँव से पास के किसी बम या शेल का टूटा और जला हुआ टुकड़ा उठाकर मुझे दिया। मैंने भी देखा, हर तरफ़ छोटे-छोटे टुकड़े पड़े हुए थे।

एमा ने फिर बताना शुरू किया, "जंग के फ़ौरन बाद एक अमरीकी माहिर ने इस पहाड़ी पर जंगी हथियार और काँटेदार तारों के टूटे-फूटे अंबार को देखकर कहा था कि उसकी सफ़ाई मुमकिन नहीं है। इसमें कितने ही बम के गोले और शेल दबे हुए हैं जिनके फट जाने का इमकान है, इसलिए इस पहाड़ी के गिर्द लोहे के तारों के हिसार बनाकर उसे महफ़ूज़ कर देना चाहिए और स्तालिनग्राद का नया शह्र यहाँ से दूर बसाना चाहिए। लेकिन उसके चंद महीने बाद ही टूटे हुए जर्मन हथियारों का लोहा सुर्ख़ अक्तूबर के फ़ौलादी कारख़ाने और स्तालिन ट्रैक्टर फ़ैक्टरी में इस्तेमाल हो रहा था और ट्रैक्टरों की शक्ल में ढल-ढलकर बाहर निकल रहा था।"

ट्रैक्टर का नाम लेते ही उसके होंठों की मासूम मुस्कुराहट वापस आ गई और सोने का एक दाँत होंठों के गोशों से झाँकने लगा।

मेरे ज़ेह्न में ये सवाल आया कि यहाँ सोवियत हथियारों का भी लोहा रहा होगा जिसके जवाब में एमा ने कहा कि फ़ाशिस्ट और इश्तराकी लोहा इस तरह इस मिल गया था कि दोनों में तमीज़ करना मुश्किल था।

जब हम लोग वहाँ से मोटर में बैठकर रवाना हुए तो मैंने एमा से पूछा कि

वो लड़ाई के ज़माने में कहाँ थी।

"स्तालिनग्राद में।"

"क्या कर रही थी तुम?"

"मेरी उम्र उस वक़्त तेरह बरस की थी—मेरे बाप शहर की हिफ़ाज़त के लिए फ़ौज में चले गए थे और वहीं काम आ गए। मुझे मेरी माँ के साथ वोल्गा के इस पार भेज दिया गया था। लड़ाई के बाद मैंने अपनी तालीम ख़त्म की।"

मुझे पूरे सोवियत यूनियन में एक आदमी भी ऐसा नहीं मिला जिसका कोई न कोई अज़ीज़ लड़ाई में काम न आया हो। यही वजह है कि लड़ाई के नाम से हर शख़्स के रोंगटे खड़े हो जाते हैं।

स्तालिनग्राद का म्यूज़ियम दिखाकर एमा रुख़सत हो गई, उसे अपने बच्चों के साथ थिएटर जाना था। यूरी और ओकसाना मेरे साथ रह गए।

स्तालिनग्राद हमेशा से जंगों का शह्र रहा है। क़दीम ज़माने में उसने तातारियों की यूरिश रोकी की थी, इंक़लाब के बाद जब चौदह साम्राजी मुल्कों ने नौउम्र सोवियत यूनियन पर हमला कर दिया था तो स्तालिनग्राद ने अपने इंक़लाब की हिफ़ाज़त की थी, उसके और गिर्द के इलाक़े ने पूरी सोवियत आबादी के लिए रोटी मुहैया की थी और उस शह्र के इंक़लाब की रहनुमाई में इंक़लाब के दुश्मनों को शिकस्त दी थी। दूसरी जंगे-अज़ीम के वक़्त भी जब नाज़ी फ़ौजें बादलों की तरह पूरे यूरोप पर छा गई थीं, और सारी दुनिया को फ़ाशिस्टों का ख़तरा पैदा हो गया था, उस वक़्त स्तालिनग्राद ने हिटलरी फ़ौजों को शिकस्त देकर लड़ाई के धारे का रुख़ फेर दिया था। स्तालिनग्राद के मैदानों से पीछे हटते-हटते जर्मन फौज़ें बर्लिन तक पहुँच गईं, और सुर्ख़ फ़ौजों ने बर्लिन पर अमन का झंडा लहरा दिया। इसलिए स्तालिनग्राद जो सदियों से जंगों का शह्र था, सारी दुनिया के लिए अमन का निशान बन गया, और सारी दुनिया ने इसका एतराफ़ किया जिसका सबूत ख़ुद स्तालिनग्राद के म्यूज़ियम में मौजूद था, आख़िरी कमरे में मुख़्तलिफ़ मुमालिक के तोहफ़े रखे थे? ख़िराजे-अक़ीदत चीन से लेकर अमरीका तक और यूरोप के शुमाली मुमालिक से लेकर हिंदुस्तान तक और आस्ट्रेलिया तक दुनिया के हर मुल्क और क़ौम ने पेश किया था। सबसे ज़्यादा मुहब्बत भरा तोहफ़ा ख़ुद जर्मनी के अमनपसंदों का था, और उसे देखकर मुझे एहसास हुआ कि पूरी जर्मन क़ौम हिटलरी फाशिज़्म के साथ नहीं थी। यही एहसास अमरीका के तोहफ़े देखकर हुआ, पूरा अमरीका जंग का हामी नहीं है।

जब हम शह्र के जनूबी हिस्से की तरफ़ जा रहे थे तो रास्ते में अजीब व ग़रीब मनाज़िर नज़र आए। ये मनाज़िर इनसान को जज़्बाती बना देते हैं।

स्तालिनग्राद अपने ज़ख़्मों को मुंदमिल कर रहा है, अपनी तामीर में मसरूफ़ है, और हर क़दम पर नई, ख़ूबसूरत और सरबुलंद इमारतें सर उठा रही हैं, जैसे ज़मीन से दरख़्त उग रहे हों। यह बूढ़ा शह्र तबाह व बरबाद होने के बाद अपने

आपको सँवार रहा है, सजा रहा है। जुलेख़ा फिर से जवान हो रही है, रहने के मकानात, दुकानें, दफ़्तर, स्कूल और कॉलेज की इमारतें, बच्चों के महल, पार्क, बाग़ान, म्यूज़ियमें, आराइशें, सीधी दौड़ती हुई वसी शाहराहों के लिए रास्ता छोड़कर सफ़-ब-सफ़ खड़ी हो रही हैं। जब आसमान की तरफ़ नज़र उठती है तो किरणों की लंबी गर्दनें नज़र आती हैं, बाज़ किरणें अपने लोहे के दाँतों में देव-पैकर पत्थरों को और फ़ौलादी शहतीरों को उठाए हुए हैं, बाज़ किरणें सीधी खड़ी हुई आसमान से बातें कर रही हैं। यकायक दो नई इमारतों के बीच में किसी टूटी हुई इमारत का खंडर नज़र आता है जिसकी दीवारें जल चुकी हैं। सर से छत का साया उठ चुका है। टेढ़ी-मेढ़ी, फ़ौलादी शहतीरें टूटे हुए दाँतों की तरह बिखरी हुई हैं। ये खंडर जो इनसानों की सजती-सँवरती बस्ती में खड़े हुए हैं, हैबतनाक भी हैं और इबरतनाक भी। ये जर्मन सिपाह गिरोहों और फ़ाशिस्ट जंगबाज़ों की वहशत और बरबरियत की ज़िंदा यादगारें हैं। स्तालिनग्राद के अज़्म व हिम्मत के निशान हैं। ये खंडर ज़ुबाने-हाल से कह रहे हैं, हमसे डरो और हमसे मुहब्बत करो, हम जंग का अंजाम भी हैं और अमन का पयाम भी। हम बेजान घर थे लेकिन हमारे सीने में ज़िंदा इनसान रहते थे। बच्चों की किलकारियाँ, माँओं की लोरियाँ, लिबासों की सरसराहट, गैस के चूल्हों पर रखी हुई पतीलियों की गुनगुनाने की आवाज़, प्यालियों का नग़्मा। नई-नई मुहब्बत की सरगोशियाँ, गर्म बोसों की आवाज़ जैसे कलियाँ चटक रही हों। किसी मायूस और दिलशिकस्ता लड़की की सिसकियाँ। हमारी दीवारों की गोदों में एक दुनिया बसी हुई थी, हमारी खिड़कियों में चाँद झाँकता था, सूरज मुस्कुराता था और सितारे अपने चंबेली के फूल बरसाते थे। हम बेजान थे मगर फिर भी ज़िंदा घर थे। यकायक एक दिन हमारे सर पर लोहा बरसने लगा, किसी ने आग का समंदर उँडेल दिया और आग-लोहे के इस तूफ़ान के साथ जर्मन नाज़ी आए। लेकिन हमारी गोद में बसनेवाले बूढ़े, बच्चे, जवान, मर्द व औरत सब सीना तान के खड़े हो गए। हमने भी हिम्मत नहीं हारी। जर्मनों ने हमें जलाना चाहा, मिटाना चाहा, गिराना चाहा, लेकिन हमारे क़दम अपनी जगह से नहीं हिले, हम आज भी जले हुए, मिटे हुए वहीं खड़े हैं जहाँ पहले खड़े थे। हमने शिकस्त नहीं मानी है और आज हमारे गिर्द बहारें मुस्कुरा रही हैं। हम क़दीम मकान हैं, बूढ़े और टूटे हुए, लेकिन हमारे आसपास नए मकान जवान हो रहे हैं, न जाने कितनी इमारतें यहाँ खड़े होने के लिए जगह छोड़ रही हैं। अब हम उनके लिए जगह खाली कर देंगे। जैसे माँएँ अपने बच्चों को परवान चढ़ाकर क़ब्रों में चली जाती हैं, बूढ़े जवानों के लिए रास्ते छोड़ देते हैं, हम अब रुख़सत होनेवाले हैं। बस हम इतना चाहते हैं कि हमारा मलबा किसी नई तामीर में काम आ जाए, हम मुरझाए फूल हैं अब खिल नहीं सकते। जंगबाज़ की तख़रीबी कोशिशें हमें नहीं हटा सकीं, लेकिन नई तामीर के जवान हाथ हमें प्यार से उठाकर हमारी क़ब्रों में सुला देंगे और हर नई तामीर हमारी क़ब्रों का निशान होगी और आनेवाले बरसों और सदियों में

जब माँएँ अपने बच्चों को स्तालिनग्राद की कहानी सुनाएँगी तो वो यह कहकर हमारा ज़िक्र ज़रूर करेंगी कि जहाँ हम रहते हैं, यहाँ पहले जंगों के खंडर थे।

मंज़र बदलता है। मोटर दाहिनी तरफ़ मुड़ती है और फिर एक नीम-दायरे की शक्ल की सड़क पर दौड़ने लगती है। यहाँ न खंडर हैं न नई सरबुलंद इमारतें। मीलों तक छोटे-छोटे झोंपड़े पड़े हुए हैं। उनके सामने बच्चे खेल रहे हैं। लोग तरकारियाँ लिए चले जा रहे हैं। नौजवान लड़के-लड़कियाँ हाथों में हाथ डाले हुए हैं। यह झोंपड़े कहाँ से आए हैं, इनमें कौन लोग रहते हैं, जवाब मिलता है—"स्तालिनग्राद वाले।" अभी उनके लिए मकान नहीं बन सके। इसलिए उन्होंने अपने झोंपड़े डाल लिए हैं। जब मकान बन जाएँगे तो ये उनमें मुंतक़िल हो जाएँगे। उन झोंपड़ों से पहले ये वीरान जंगी ख़ंदक़ों और बमों के बनाए हुए गढ़ों में रह चुके हैं। ये स्तालिनग्राद वाले हैं, जंग में शहर के तबाह हो जाने के बाद भी उन्होंने अपना शहर छोड़ने से इनकार किया। ये उनके लिए एक जज़्बाती सवाल बन गया था। जिस शहर को तबाह व बरबाद होने के बाद भी उन्होंने जर्मनों से शिकस्त नहीं खाने दी, इसमें वो जंग के बाद रहना अपने लिए फ़ख्र की बात समझते हैं। ये झोंपड़े उन्होंने अपने हाथों से बनाए हैं और अब उनमें रहकर अपने हाथों से नई तामीर के महल बना रहे हैं। जिन्होंने स्तालिनग्राद की हिफ़ाज़त की थी वही उसकी तामीर भी कर रहे हैं। और जब तक तामीर हो उस वक़्त तक झोंपड़ों में रहना फ़ख्र और इज़्ज़त की बात है। ये आन पर जान देनेवाले एक अच्छे घर के लिए अपने महबूब शहर को नहीं छोड़ सकते।

अब हम शहर के बिलकुल जनूबी हिस्से पर पहुँच गए थे, जहाँ वोल्गा से वो नहर निकली है जो दोन से जाकर मिल जाती है। यहाँ वोल्गा बल खाके मुड़ जाता है। और जहाँ उसकी कमर का ख़म है वहाँ से नहर निकाली गई है जो एक अज़ीमुश्शान मेहराब के नीचे से बहती है, और एक पुल के नीचे से निकलकर उफ़क़ की तरफ़ चली जाती है। ऊपर से सफ़ेद बादल गुज़र रहे हैं और नीचे साहिल की रेत फैली हुई ढालों पर सीढ़ियाँ बनी हुई हैं और फूल लगे हुए हैं। नौजवान लड़के और लड़कियाँ दरिया और नहर में तैर रहे हैं। बहुत-से लोग रेत पर धूप खा रहे हैं, माँएँ अपने बच्चों को लेकर आई हैं और बहुत-से नौजवान अपनी ख़ूबसूरत माशूक़ाओं के साथ अहदो-पैमान कर रहे हैं, दरिया में एक जहाज़ तैरता हुआ आता है और नहर के दहाने में दाख़िल हो जाता है। ये जहाज़ नहर के रास्ते से रोस्तोफ़ जा रहा है। ये मेपेन की बनाई हुई तस्वीर से कितना मुख़्तलिफ़ है! जहाज़ में ताजिर और ज़ार के एहद के फ़ौजी अफ़सर नहीं है बल्कि मज़दूर हैं, दानिशवर हैं, नौउम्र तालिबे-इल्म हैं, जो छुट्टियाँ मनाने और तफ़रीह करने जा रहे हैं। साहिल पर इनसानों की शक्ल के जानवर नहीं हैं जिनकी गर्दनों में रस्सियाँ बँधी हैं और जहाज़ को खेंच रहे हैं। साहिल अपने ख़ुशो-खुर्रम इनसानी हुजूम के साथ मुस्कुरा रहा है। एक अधेड़ उम्र

का सिपाही ढाल पर बैठा हुआ बाजा बजा रहा है और उसके गिर्द खड़े हुए बहुत-से लड़के-लड़कियाँ गा रहे हैं, तालियाँ बजा रहे हैं। इस आवाज़ को सुनकर मेरे कानों में वोल्गा के मल्लाहों का दिल हिला देनेवाला नग़्मा गूँज जाता है। गोर्की की कितनी ही कहानियाँ और बयानात याद आ जाते हैं। ये मंज़र उनसे बिलकुल मुख़्तलिफ़ है। इस मंज़र में मुसर्रत है, इत्मीनान है, ख़ुदएतमादी है, मुहब्बत है, गर्मजोशी है। मेरी नज़रों में जिनेवा की झील के किनारे के मनाज़िर घूम जाते हैं, बंबई का मेरीन ड्राइव याद आ जाता है, लखनऊ में गोमती का किनारा और इलाहाबाद में गंगा-यमुना का संगम याद आ जाता है और मैं सोचने लगता हूँ ये मुख़्तलिफ़ निज़ामों के मनाज़िर हैं और फिर भी कितने यकसाँ हैं। यहाँ के लोग सरमायादारी से नफ़रत करते हैं, वहाँ के बहुत-से लोग कम्युनिज़्म और सोशलिज़्म के नाम से घबराते हैं लेकिन हँसते एक तरह हैं, प्यार एक तरह से करते हैं। अमरीका मैंने नहीं देखा है लेकिन यही सब कुछ वहाँ भी होता है। फिर अपने दरियाओं और समंदरों के साहिलों पर तफ़रीह करनेवाले दूसरे दरियाओं और समंदरों के साहिलों पर तफ़रीह करनेवालों पर बमबारी का ख़याल दिल में कैसे ला सकते हैं? क्या एटम बम इनसानी प्यार और इनसानी जज़्बे का ख़ात्मा नहीं है?

मैं अपनी अजनबीयत से फ़ायदा उठाकर एक माँ के पास चला जाता हूँ, जो अपने बच्चों को प्यार कर रही है, और मैं उससे एक बड़ा मोहमिल सवाल करता हूँ, उसका जवाब जानते हुए भी मैं उससे सवाल करता हूँ।

"तुम जंग क्यों नहीं चाहतीं?"

वो मेरी तरफ़ हैरत से देखती है, जैसे मैं पागल हूँ। फिर पूछती है, "तुम्हारे बच्चे हैं?"

"हाँ।"

"उन्हें मेरी तरफ़ से प्यार करना।"

31 जुलाई सन् 1955

मै स्तालिन ट्रैक्टर फैक्टरी में था। ये शह्र के शुमाल में है, और यहाँ लड़ाई के ज़माने में जर्मनों के ख़िलाफ़ बहुत बड़ा मोर्चा क़ायम था। ये फ़ैक्टरी भी स्तालिनग्राद वालों की हिम्मत और शुजाअत का निशान है। उसके चारों तरफ़ लड़ाई होती रही और लड़नेवालों में ख़ुद फ़ैक्टरी के मज़दूर थे, मर्द और औरतें। फ़ैक्टरी पर नाज़ी बमबारी करते रहे और आसमान पर बर्फ़ बारी। मगर टूटी हुई छतों के नीचे बम और बर्फ़ के तूफ़ान में यहाँ के इंक़लाबी मज़दूर अपनी मशीनों को चलाते रहे। पंद्रह-बीस दिन के अंदर-अंदर ट्रैक्टर की फ़ैक्टरी को टैंक की फ़ैक्टरी बना दिया था। फ़ैक्टरी अपने मज़दूरों की तरह क़दम जमाए खड़ी रही और एक दिन के लिए भी बंद न हुई। ये बात जर्मनों का दिल और उनकी हिम्मत तोड़ देने के लिए काफ़ी थी।

मज़दूर ने बड़ी हिम्मत से अपना कारख़ाना मुझे दिख़ाया, और मुख़्तलिफ़ स्टेजों से गुज़रने के बाद मैं वहाँ पहुँच गया जहाँ ट्रैक्टर मुकम्मल होकर बाहर निकलते हैं। उनकी गड़गड़ाहट टैंकों की-सी है लेकिन ये आग लगाने की बजाए सोना उगाते हैं। फ़ैक्टरी की दीवारों पर और बाहर के अहाते में मज़दूरों के अहदनामे लगे हुए थे। अच्छे मज़दूरों की तस्वीरें लगी हुई थीं और खेतों की पैदावार के नक़्शे टँगे हुए थे। एक तरफ़ किताबों की एक छोटी-सी दुकान थी, मेज़ पर किताबें सजी हुई थीं और खुले आसमान के नीचे एक बूढ़ी औरत बैठी हुई थी। मज़दूर आते-जाते, वहाँ से किताबें खरीदते रहते थे, उन किताबों में सोवियत के मशहूर और मक़बूल नाविल और अफ़साने थे, शायरी थी, साइंस के मुताल्लिक़ किताबें थीं। मार्क्स, एंगेल्स, लेनिन और स्तालिन की तस्नीफ़ात थीं और बैरूनी मुमालिक के मशहूर अदीबों की किताबें थीं। मैं उन्हें उलट-पलटकर देख रहा था, और उस औरत से पूछ रहा था कि रोज़ाना कितनी किताबें बिक जाती हैं कि एक मज़दूर औरत आई। उसकी उम्र कोई 40-50 बरस की होगी और उसने कोई 60 किताबों की फ़ेहरिस्त दुकानदार को यह कहकर दी कि "मैं छुट्टी पर जा रही हूँ, मेरा पता काग़ज़ पर लिखा है, मेरे लिए ये किताबें मुहैया कर देना।" जब मैंने उस फ़ेहरिस्त का जायज़ा लिया तो उसमें मौजूदा सोवियत किताबों के अलावा टालस्टॉय, दोस्तोवस्की, टैगोर, कालिदास, बर्नार्ड शॉ और रोमाँ रोलाँ की तसानीफ़ के नाम भी लिखे थे। यह वाक़िया सोवियत मज़दूरों की तहज़ीबी सतह को समझने के लिए काफ़ी था।

इसकी मज़ीद तसदीक़ उस वक़्त हुई जब मैं दरिया के किनारे मज़दूरों के तहज़ीबी महल में पहुँचा। ये दोमंज़िला ख़ूबसूरत इमारत थी, जिसमें एक बहुत हसीन थिएटर के अलावा नाच के कमरे, मौसीक़ी के कमरे, मुसव्विरी के कमरे और आम जलसे के कमरे थे और एक कुतबख़ाना था जिसमें कई हज़ार किताबें थीं। जो मज़दूर मेरे साथ थे, मैंने उनसे अदब पर बातें शुरू कर दीं, उनकी सतह अच्छी-ख़ासी थी, यकायक मैंने मेज़ से एक किताब उठाकर उसका नाम पूछा। यह कृश्नचन्दर के अफ़सानों का मजमूआ था जो हाल ही में शाया हुआ था। कई मज़दूरों ने एक साथ कृश्न के अफ़सानों की तारीफ़ शुरू कर दी। मुझे थोड़ी शरारत सूझी। मैंने पूछा, "तुम्हें कौन-सा अफ़साना सबसे ज़्यादा पसंद है?"

"मैं इंतज़ार करूँगा," एक मज़दूर ने जवाब दिया।

"वह तुम्हें शायद सियासत की वजह से पसंद है," मैंने कहा, "क्योंकि इसमें चीन और कोरिया का ज़िक्र है।"

"मगर इसमें जो इनसानियत और मुहब्बत है?" मज़दूर ने एहतजाज किया।

मैं कृश्न के ख़िलाफ़ बोलने लगा, "क्या यह सही नहीं है कि कृश्न रूमानी है?"

"इसीलिए तो वह हमें पसंद है," कई मज़दूरों ने एक साथ कहा।

"मगर मेरा ख़याल है कि वह अपने रूमानी रवैये की वजह से हक़ीक़त को

मस्ख़ कर देता है इसलिए हक़ीक़तनिग़ारी के मेयार पर पूरा नहीं उतरता।"

वो सब मेरी बातें सुनकर कुछ चुप से हो गए, मालूम नहीं वे क़ायल हो गए थे या मेहमान का एहतराम कर रहे थे। फिर एक मज़दूर बोला, "मेरा ख़याल यह नहीं है। रूमानियत की आमेज़िश के बग़ैर अच्छी हक़ीक़तनिग़ारी मुमकिन नहीं है।" मैंने महसूस किया कि ये गोर्की की तर्बियत का असर है। यह महसूस करते हुए मैंने अपनी बात आगे बढ़ाई।

" 'फूल सुर्ख़ हैं' के बारे में तुम्हारा क्या ख़याल है?" मैंने पूछा। "क्या इसमें कृश्न ने मज़दूरों की हक़ीक़ी ज़िंदगी को मस्ख़ नहीं कर दिया है?"

"हक़ीक़त से मुराद अगर जिस्मानी तस्वीर है तो वह शायद मस्ख़ हो गई हो। हम इसके बारे में कुछ नहीं कह सकते, लेकिन जहाँ तक मज़दूरों के इंक़लाबी जज़्बे का तअल्लुक़ है, वह इस कहानी में बड़ी शिद्दत के साथ मौजूद है, इसीलिए वह मुझे पसंद है।"

एक दूसरा मज़दूर बोला कि " 'कालू भंगी' और 'अन्नदाता' भी ऐसे ही अफ़साने हैं।"

लेकिन क़ब्ल इसके मैं कुछ कहता, एक और मज़दूर ने मुझसे सवाल कर दिया, "आप कृश्नचंदर के इतने मुख़ालिफ़ क्यों हैं?"

मैं हँसने लगा, "कृश्नचंदर के अफ़साने मुझे भी बहुत पसंद है। मैं सिर्फ़ आप लोगों की राय मालूम करना चाहता था और एतराज़ात कर रहा था, जो बाज़ लोग कृश्न की अफ़सानानिगारी पर करते हैं।"

मैं कुछ और कहता लेकिन मेरी बात एक मज़दूर लड़की ने यह कहकर काट दी, " 'पूरे चाँद की रात' बहुत ख़ूबसूरत अफ़साना है और उसमें हिंदुस्तान का हुस्न है, और सिर्फ़ ऐसा अफ़सानानिगार लिख सकता है जो ज़िंदगी से बेइंतिहा मुहब्बत करता हो।"

वहाँ से मैं एक मज़दूर के यहाँ पहुँचा, मकान का इंतख़ाब मैंने खुद किया था। हमने दरवाज़ा खटखटाया, एक अधेड़ उम्र की औरत ने दरवाज़ा खोला। वह नंगे पैर थी और हाथ में एक किताब लिए हुए थी। उसने मुझे देखकर बड़ी ख़ुशी का इज़हार किया क्योंकि मैं पहला हिंदुस्तानी था जो उसके घर आया था। घर में ग़ुस्लख़ाने के अलावा दो कमरे और एक बावर्चीख़ाना था। सोने के कमरे में पलंगों पर बड़े अच्छे पलंगपोश पड़े थे, बैठने के कमरे में मामूली दर्जे का सोफ़ासेट था, बर्च की मेज़ें थीं मगर किताबों की अलमारियाँ आला दर्जे की थीं। उन्हीं के बीच में टेलीविज़न का सेट भी रखा हुआ था। बावर्चीख़ाने में गैस के चूल्हे के पास एक मेज़ और चंद कुर्सियाँ भी पड़ी हुई थीं। उसने मुझे यह कहकर मेज़ पर बिठा दिया कि "मालूम होता कि मेहमान आनेवाले हैं तो कुछ अच्छा खाना पका लेती। अब तो जो कुछ घर में है वही चख लो।" खाने में बड़ी पहाड़ी मिर्चें थीं जिनमें क़ीमा भरा हुआ था

और उन्हें चावल और टमाटर के साथ मिलाकर पका दिया गया था। पीने के लिए मीठा रस था जिसमें भुने हुए या उबले हुए सेब के टुकड़े पड़े हुए थे।

मैंने सबसे पहले उसका नाम पूछा।

"मार्ग्रेता पावलोवा।"

"तुम क्या करती हो?" के जवाब में उसने हँसकर कहा, "कुछ नहीं, लड़कियों की शादी हो गई है और मेरा शौहर ट्रैक्टर फ़ैक्टरी में काम करता है। मुझे बस किताबें पढ़ने का शौक है।"

मेज़ पर वह किताब रखी थी जो अभी दरवाज़ा खोलते वक़्त उसके हाथ में थी। मैंने पूछ लिया "यह कौन-सी किताब है?"

"माइकिल ऐंजलो और विन के हालाते-ज़िंदगी। रोमाँ रोलाँ की किताब है, तुमने भी पढ़ी होगी।" उसने किताब मेरे सामने बढ़ा दी। "तुम पहले हिंदुस्तानी हो जिससे मैं मिली हूँ, और शायर भी हो। इस किताब पर कुछ लिख दो।"

मैंने उस पर लिखा—"मैंने स्तालिनग्राद को देखा है, यह माइकिल ऐंजलो के बनाए हुए दाऊद के मुजस्सिमे की तरह ताक़तवर है और बिथोविन के नग़्मों की तरह हसीन। और सबसे बड़ी बात यह है कि स्तालिनग्राद का हुस्न रोज़-बरोज़ बढ़ रहा है।"

मार्गेता ने मुझे रुख़सत करते हुए कहा, "मैं इस किताब को अपने पास रखूँगी। दस बरस बाद आकर स्तालिनग्राद को देखना, तुम इसे पहचान नहीं पाओगे। जिस घर में मैं रह रही हूँ पहले खंडर था।"

मैं इस घर से बाहर निकला था कि दूसरी मंज़िल से एक आवाज़ आई। मुड़कर देखा एक ख़ूबसूरत लड़की बालकनी में खड़ी हुई अपने बालों में कंघी कर रही थी और मेरी मुतरज्जिम रूसी ज़ुबान में कुछ कह रही थी। ओकसाना ने मुझे बताया कि वह मुझे अपने घर में बुला रही है।

मैं दूसरी मंज़िल पर गया। गाला दरवाज़ा खोले हुए मेरा इंतज़ार कर रही थी। मैंने उसे क़रीब से देखकर महसूस किया कि इतनी हसीन लड़की शायद लाखों में एक हुई होगी और उसका इज़हार भी मैंने कर दिया। "तुम बेहद ख़ूबसूरत हो, तुम्हारी उम्र क्या है, कोई चौदह-पंद्रह बरस?"

"सोलह बरस," गाला ने जवाब दिया। "मैं स्कूल में पढ़ती हूँ, तुमसे मिलकर बहुत खुशी हुई। हिंदुस्तानी बहुत अच्छे होते हैं।"

"क्यों?" मैंने पूछा।

"वो अमन के हामी और जंग के दुश्मन हैं। मैंने पंडित नेहरू को टेलीविज़न पर देखा है और टैगोर की कहानियाँ पढ़ी हैं।"

फिर "अभी आती हूँ" कहकर वह दूसरे कमरे में दौड़ गई और रेडियोग्राम पर गाने का रिकार्ड लगाकर वापस आ गई।

मैंने पूछा, "गाला, तुम अपनी तालीम ख़त्म करने के बाद क्या करना चाहती हो?"

"मैं उस्तानी बनना चाहती हूँ। मुझे पढ़ाने का बड़ा शौक़ है।"

"क्या पढ़ाना चाहती हो?"

"यह तो मैंने अभी नहीं सोचा, अपनी सानवी तालीम ख़त्म करने के बाद सोचूँगी।"

"मगर तुम कुछ न कुछ तो ज़रूर सोचती होगी? कभी-कभी ख़्वाब भी देखती होगी, सोते और जागते हुए?"

"सोचती क्यों नहीं हूँ? मैं अपने ख़्वाबों को अपनी डायरी में लिख लेती हूँ।" यह कहते-कहते गाला शरमा गई।

वह अंग्रेज़ी में बातें कर रही थी, इसलिए मुझे मुतरज्जिम की ज़रूरत नहीं थी। मैंने पूछा, "तुमने सबसे ख़ूबसूरत ख़्वाब क्या देखा है?"

"अमन," और उसका चेहरा फिर गुलाबी हो गया।

"अमन को तुमने ख़्वाब में कैसे देख लिया?" मुझे वाक़ई हैरत थी।

गाला ने कहा, "मुझे गाने का बहुत शौक़ है। एक रात मैंने ख़्वाब देखा कि बहुत बड़ा खेत है और उसमें बहुत सारे ट्रैक्टर चल रहे हैं और उनके पहियों से जो आवाज़ निकल रही है और बिथोविन का एक नग़्मा है।"

"इन ट्रैक्टरों को कौन चला रहा था?" मैंने शरारत से पूछा।

इस सवाल का जवाब सिर्फ़ उसके रुख़सारों पर झलक आनेवाले ख़ून ने दिया। यह लड़की ज़रूर किसी लड़के से मुहब्बत करती होगी और मुझे यक़ीन है कि उसे हर ट्रैक्टर में वही लड़का बैठा हुआ नज़र आया होगा। यह कितनी ख़ूबसूरत बात है कि सोवियत की नई जवानी ट्रैक्टर, बिथोविन के नग़्मे और अमन के ख़्वाबों से बनी है।

गाला ट्रैक्टर फ़ैक्टरी के एक मज़दूर की बेटी थी। जब मैं उसके घर से बाहर निकल रहा था, तो उसका बाप कारख़ाने से वापस आ गया। मैंने उससे कहा कि "अगर मैं हिंदुस्तान की पुरानी ज़ुबान में बात करूँ तो यह कहूँगा कि तुमने इतनी ख़ूबसूरत बेटी पैदा की है, तो कितने खूब ट्रैक्टर बनाते होंगे।" उसने बड़ी गर्मजोशी से हाथ मिलाया और गाला ने अपनी बालकनी से हाथ हिलाते हुए कहा, "दस्वीदानिया" (फिर मिलेंगे)।

होटल में वापस आते-आते शाम हो गई और एक घंटे बाद मुझे प्लेनीटोरियम देखने जाना था। इस लफ़्ज़ का तर्जुमा मैं अपनी आसानी के लिए अंजुमिस्तान किए लेता हूँ, मौलवी अब्दुल हक़ ने अपनी लुग़त में उसका तर्जुमा किया है, "निज़ामे-सैयारात का नमूना"। यानी एक ऐसा घर जिसमें सितारों का निज़ाम देखा जाता हो या पढ़ाया जाता हो। इसलिए मेरे नज़दीक अंजुमस्तान के लफ़्ज़ से काम चल सकता है। हिंदुस्तान में कोई ऐसी इमारत नहीं है, स्तालिनग्राद को यह मशरिक़ी जर्मनी की हुकूमत का

तोहफ़ा है। अब इसमें सोवियत वालों ने कुछ इजाफ़े कर लिए हैं।

अंजुमिस्तान एक गुंबददार इमारत है। उसके डायरेक्टर ने मेरा इस्तक़बाल किया और मुझे बताया कि "बस अभी ज़मीन के ज़लज़लों और आतशफ़िशाँ के बारे में एक लेक्चर होनेवाला है, क्या आप उसमें शरीक होना पसंद करेंगे?" लेक्चर शुरू होने में अभी आधा घंटा था। इसलिए मुझे डायरेक्टर दीवारों पर बने हुए नक़्शे और तस्वीरें दिखाने लगा। वहाँ और भी बहुत-से औरत-मर्द मौजूद थे। वो भी डायरेक्टर की तशरीहात सुनने के लिए जमा हो गए। इसी हुजूम में गाला भी थी जो आज का लेक्चर सुनने आई थी।

पहली तस्वीर चाँद के पहाड़ों और ग़ारों की थी। वहाँ हमेशा दिन रहता है और चूँकि चाँद के गिर्द ज़मीन की तरफ़ फ़िज़ा नहीं है इसलिए वहाँ से दिन को भी सितारे नज़र आते हैं। दूसरी तस्वीर मिर्रीख़ की थी जो यख़बस्ता है लेकिन इसके बावजूद वहाँ नबातात का इमकान पाया जाता है और बाज़ सोवियत सांइसदाँ इसका मुतालिआ कर रहे हैं। फिर और तस्वीरें और नक़्शे थे। दूसरी दुनिया में और कायनातें थीं जिन तक इनसान का तख़य्युल भी मुश्किल से सफ़र पाता है। उन कायनातों में निज़ामे-शम्सी से मुख़्तलिफ़ निज़ाम थे, और हमारे सूरज से हज़ारों और लाखों गुना बड़े सूरज थे। बाज़ सितारे इतने बड़े थे कि उनमें सुरंग बनाकर रेल पर सफ़र किया जाए तो एक सिरे से दूसरे सिरे तक पहुँचने में लाखों बरस लग जाएँगे। कायनात की इस वुसअत में ज़मीन का सैयारा लंबी-चौड़ी मख़मल पर पड़ी हुई एक हीरे की कनी के बराबर है, और उस ज़मीन पर इनसान! लेकिन इसके ज़ेह्न की ताक़त इस कायनात का अहाता करने की कोशिश कर रही है।

डायरेक्टर ने बताया, "अब चाँद तक पहुँचना आसान हो गया है। वो दिन दूर नहीं जबकि माहिरीने-साइंस चाँद का सफ़र करेंगे।"

गाला इस तरह मुस्कुरा रही थी जैसे वही सबसे पहले चाँद पर जाएगी। मुझे एकदम से ख़्याल आया कि बांडुंग कांफ्रेंस के वक़्त जिस हिंदुस्तानी जहाज़ को कोमिंटांग के एजेंटों ने बम रखकर समंदर में गिरा दिया था, उसके एक हवाबाज़ ने अपनी माशूक़ा से रोम में मिलने का वादा किया था और गाला अपने दोस्त को चाँद पर मिलने के लिए बुला सकती है।

क्या इनसान कभी चाँद पर आबाद हो सकेगा? वहाँ फ़िज़ा नहीं है, वहाँ रात नहीं होती। बड़ी ग़ैर-रूमानी जगह होगी, फिर ये माहिरीने-साइंस चाँद पर क्यों जाना चाहते हैं? और मैंने यह क्यों सोचा कि गाला अपने दोस्त से इकरारे-मुहब्बत करने के लिए चाँद पर जा सकती है। अगर वहाँ फ़िज़ा नहीं है और रात नहीं होती तो यह नतीजा कैसे निकाला जा सकता है कि चाँद ग़ैर-रूमानी जगह है, मुमकिन है उसकी रूमानी कैफ़ियत कुछ और हो। ज़मीन से ज़्यादा दिलचस्प। आख़िर चाँद यहाँ से कितना हसीन और दिलनवाज़ मालूम होता है! मेरे ख़यालात बड़ी तेज़ रफ़्तार

से दौड़ रहे थे। यकायक मुझे एक मज़मून याद आ गया जो मैंने बहुत दिन हुए किसी अमरीकी बातस्वीर रिसाले में पढ़ा था। रिसाले का नाम इंतिहाई कोशिश के बाद भी याद नहीं आया। इस मज़मून में भी चाँद के सफ़र पर क़यासआराइयाँ थीं और यह सवाल था कि आख़िरी आदमी चाँद पर क्यों जाना चाहता है। मुसन्निफ़ ने लिखा था कि पहले एक रॉकेट ज़मीन की फ़िज़ा से बाहर फेंक दिया जाएगा और वह ज़मीन और चाँद की दर्मियानी वुसअत में मुअल्लक़ हो जाएगा, वहाँ से ज़मीन का हर हिस्सा देखा जा सकेगा और जंग छिड़ जाने की सूरत में क़ुर्र-ए-ज़मीन के किसी हिस्से पर बमबारी की जा सकेगी और इस क़ुर्रे को फ़िज़ाई जहाज़ों के अड्डे की तरह भी इस्तेमाल किया जा सकेगा। गोया चाँद के सफ़र के दौरान में बीच में आदमी कहीं ठहर भी सकेगा। यह कितना हसीन शैतानी ख़याल है। मरता हुआ सरमायादारी निज़ाम पूरे क़ुर्र-ए-अर्ज़ पर बमबारी करना चाहता है। मैं गाला को उसके सारे हुस्न के साथ चाँद-सितारों की वुसअत में भेजना चाहता हूँ और जंगबाज़ अपने फ़िज़ाई बमबारों को सितारों की दुनिया में ज़हर फैलाने के लिए और क़ुर्र-ए-अर्ज़ की पाश-पाश करने के लिए। यह कैसी शैतानियत है, क्या सोवियत वाले भी यही सोच रहे हैं? फ़िज़ा में एक क़ुर्रा अमरीका मुअल्लक़ करेगा, दूसरा शायद बरतानिया, तीसरा फ्रांस, चौथा सोवियत यूनियन। क्या जंग का तसव्वुर इनसान को इतना दीवाना कर सकता है? आख़िर मैंने घबराकर अंजुमिस्तान के डायरेक्टर से यह सवाल पूछ ही लिया कि "आप चाँद पर क्यों जाना चाहते हैं?"

डायरेक्टर ने जवाब दिया—"मैंने अभी बताया कि चाँद के गिर्द फ़िज़ा नहीं है और दिन को भी सितारे दिखाई देते हैं। इनसान ने अब तक सैयारों को मुतालिआ ज़मीन से किया है। ज़मीन से बहुत-से सितारे और सैयारे साफ़ दिखाई नहीं देते और बहुत-से ऐसे निज़ाम भी हैं जो बिलकुल नहीं देखे जा सकते। चाँद से ज़्यादा आसानी के साथ सितारों के निज़ाम को देखा और समझा जा सकता है। और यह आपको मालूम होगा कि इनसान ने सितारों के निज़ाम को समझकर दुनिया के मसाइल हल किए हैं। वहाँ से चाँद पर सूरज की रेडियाई ताक़त का भी बेहतर मुतालिआ किया जा सकता है।"

"क्या वुसअते-कायनात का तसव्वुर आपको परेशान नहीं करता?"

"इनसान का ज़ेह्न इससे ज़्यादा वसी है। उसकी रसाई की कोई इंतिहा नहीं।" फिर वो मुझे देर तक ये समझाते रहे कि "अब तक जितने सितारों का शुमार किया गया है और जितने फिज़ाई और समावाती मसाइल हल किए गए हैं, वो किसी तनहा इनसान के बस का काम नहीं। महज़ सितारों को गिनने के लिए करोड़ों बरस की उम्र चाहिए। ये सारी कोशिशें सारी दुनिया और तमाम अहदों और ज़मानों के इनसानों को एक बिरादरी में और इनसानी बिरादरी को इनसानी ज़ेह्न में तब्दील कर देती है। और वहदते-इंसान का वो तसव्वुर पैदा होता है, जो अमने-आलम का ज़ामिन

है।”

अब लेक्चर का वक़्त आ गया था और हम गोल गुंबद के अंदर पहुँच गए। गुंबद बहुत बड़ा था और उसकी छत आसमान का बुर्ज़ मालूम होती थी और जहाँ गुंबद के निचले सिरे उफ़क़ की तरह दीवारों से मिलते थे वहाँ स्तालिनग्राद का शह्र तस्वीरों के ज़रिये से बना दिया गया था। इस गुंबद में सिम्तों का तअय्युन था, हम उत्तर के सिरे पर बैठे थे, हमारी बाईं तरफ़ पूरब था, और दाहिनी तरफ़ पच्छिम और सामने दक्खिन। गुंबद के नीचे के हॉल में कुर्सियाँ पड़ी थीं और बीचोंबीच में एक देवहैकल सियाह मशीन खड़ी हुई थी, जिसके अंदर साइंसदानों ने सैयारों का निज़ाम बंद कर रखा था।

रौशनी गुल हो गई और गुंबद के अंदर गहरा और घना अँधेरा छा गया, वाक़ई हाथ को हाथ नहीं सुझाई देता था। और इस अँधेरे में एक औरत की आवाज़ तैरती हुई आई, ज़मीन के ज़लज़लों और आतिशफ़िशाँ पर लेक्चर शुरू हो गया था और गुंबद पर ज़मीन की तहों की तस्वीरें मुतहर्रिक थीं। लेक्चर के ख़ात्मे के बाद गुंबद के आसमान पर निज़ामे-शम्सी नमूदार हुआ। सूरज था, चाँद था, मिर्रीख़, ज़ोहरा, अतारद। और उन्हीं के हुजूम में कुर्-ए-ज़मीन था, उनके फ़ासलों का तनासुब वही था जो आसमान पर है और उनकी गर्दिश अपने सैयारों और चाँदों के साथ-साथ उसी रफ़्तार के तनासुब से थीं जो निज़ामे-शमसी में पाया जाता है। इस निज़ाम को समझाने के बाद अँधेरे से आनेवाली आवाज़ ने कहा कि इस मशीन के ज़रिये से आसमान का हर हिस्सा दिखाया जा सकता है। इस वक़्त स्तालिनग्राद का आसमान दिखाया जाएगा। गहरा और घना अँधेरा फिर छा गया और आसमान पर सितारे चटकने लगे। चाँद निकलने, और पूरा आसमान सितारों से भर गया, और ये सब अपने-अपने फ़ासलों और रफ़्तारों के तनासुब से गर्दिश कर रहे थे। यहीं नहीं बल्कि सितारे टूट-टूटकर गिर भी रहे थे, कोई सितारा कम रौशन था और कोई ज़्यादा। उनकी रंगतें भी वैसी ही थीं जैसे असली आसमान पर होती हैं। रात भर में सितारे जो सफ़र करते हैं वह पूरा हो गया और फिर एक-एक करके सितारे बुझने लगे, उफ़क़ पर नूर की सफ़ेदी फैलनी लगी, चाँद का रंग फीका पड़ने लगा, शफ़क़ की फैली हुई लाली ने चाँद को और फीका कर दिया, और सुबह का सुहाना नूर पूरे गुंबद पर छा गया। उफ़क़ पर शफ़क़ की लाली में से सूरज की किरणें फूटने लगीं और फिर सूरज बाहर निकल आया, हॉल रौशन हो गया और सितारों में तैरनेवाली आवाज़ गुम हो गई, चाँद ग़ायब हो गया, और गाला का ख़ूबसूरत चेहरा मुस्कुराता रहा।

यह ख़्वाब था या जादू? साइंस का करिश्मा था या आर्ट का? फ़ितरत कितनी हसीन है और अपने हुस्न के लुटाने में कितनी फ़ैयाज़, लेकिन इनसान फ़ितरत के हुस्न में इज़ाफ़ा करने में कमाल रखता है। असली आसमान भी इतना हसीन नहीं

है जितना अंजुमिस्तान के गुंबद में बंद आसमान है। मुझे ऐसा महसूस हुआ कि मैंने कोई बहुत अच्छी नज़्म पढ़ी है, कोई बहुत गंभीर और ख़ूबसूरत नग़मा सुना है।

पहली अगस्त सन् 1955

अब मेरा सफ़र ख़त्म हो रहा था। तीसरे दिन की सुबह हो गई थी और मैं स्तालिनग्राद के मेमार के कमरे में था। दो बड़ी मेज़ों पर मुस्तक़बिल का पूरा स्तालिनग्राद फैला हुआ था। छोटे-छोटे खिलौनों की तरह की इमारतें ग़ालिबन प्लास्टिक से बनाई गई थीं। सड़कें, दरिया, पुल, बाग़ात और पार्क। एक क़ाबिले-फख़्र और सरबुलंद शहर लेसाफ़ मालूम नहीं कहानी कह रहा था या नज़्म सुना रहा था या ख़्वाब देख रहा था।

स्तालिनग्राद के नए शह्र की तामीर के लिए तीन मुश्किलों पर क़ाबू पाना ज़रूरी है। पहली मुश्किल तो यह है कि स्तालिनग्राद शह्र बहुत लंबा है। शह्र तीन सदी पहले तिजारत और दिफ़ा की ग़रज़ से बनाया गया था मगर बग़ैर किसी मंसूबे के। इसलिए यह जंगली दरख़्तों की तरह उगता रहा, और बढ़ता और फैलता रहा। एक सिरे से दूसरे सिरे तक पचास-साठ मील का फ़ासला है। यह देखिए यह शह्र का शुमाल है जहाँ स्तालिन ट्रैक्टर फ़ैक्टरी है, जिसके पास पनबिजली के लिए पुल बाँधा जा रहा है, और यह शह्र का जुनूब है जहाँ से वोल्गा की नहर निकली है। अगर कोई लड़का वोल्गा की नहर के किनारे रहता हो और ट्रैक्टर फैक्टरी की किसी लड़की से मुहब्बत करता हो तो उसे मुलाक़ात के लिए तार देना पड़ेगा और लड़की को घंटों इंतज़ार करना पड़ेगा। इसलिए नए शह्र की तामीर के वक़्त ख़ासतौर से ज़राय-ए-आमदो-रफ़्त का ख़याल रखना पड़ेगा। इसलिए शुमाल से जुनूब तक तीन मुतवाज़ी सड़कें बनाई जाएँगी। एक सड़क तेज़ रफ़्तार गाड़ियों के लिए होगी। बीच की सड़क सबसे ख़ूबसूरत और वसी होगी। यह आधी बन चुकी है, और इसका नाम शाहराहे-स्तालिन है। दूसरी मुश्किल मौसम से तअल्लुक़ रखती है। स्तालिनग्राद घास के वसी मैदानों के किनारे पर है जिसे स्तेपी कहते हैं। यहाँ क़राक़म के रेगिस्तान की ख़ुश्क और गर्म हवाएँ आती हैं और ज़मीन की सारी रतूबत खींच ले जाती हैं। इसलिए यहाँ फूल और ऊँचे दरख़्त नहीं उगते, इसलिए स्तालिनग्राद को सरसब्ज़ व शादाब बाग़ों का शह्र बनाना है। आपने दरिया के किनारे का पार्क देखा होगा। एक यूरोप की ख़ातून ने कहा था कि दरिया के किनारे की सीढ़ियों पर चढ़ते हुए और पार्क से गुज़रते हुए रोम और यूनान की याद ताज़ा हो जाती है। ऐसे पार्कों और बाग़ों और दरख़्तों के लिए हमें बहुत-से इंतज़ामात करने हैं। तीसरी मुश्किल तबक़ातुल-अर्ज़ से तअल्लुक़ रखती है। स्तालिनग्राद की ज़मीने-इमारत अच्छी नहीं है। इसमें बड़े-बड़े गड्ढे हैं। बाज़ गड्ढे पट गए हैं लेकिन अंदर से खोखले या कमज़ोर हैं। इसलिए अगर इन पर इमारत बना दी जाए तो वह अंदर धँस जाएगी, हमें इसका

भी इंतज़ाम करना है। हम बहुत-से गड्ढों को पाट देंगे और बहुत-से गड्ढों के अंदर पानी दौड़ा देंगे। उससे ज़मीन भी मज़बूत हो जाएगी और आबो-हवा पर भी असर पड़ेगा। मुस्तक़बिल के स्तालिनग्राद का हुस्न इस तस्वीर में पूरी तरह नहीं आ सकता, लेकिन ये बड़ा ख़ूबसूरत शह्र है।"

मैंने एतराज़ किया कि "नई इमारतों में गुंबद या मीनार नहीं है। मैं चूँकि एक मशरिक़ी मुल्क से आया हूँ और देहली और लखनऊ जैसे शह्रों का आदी हूँ इसलिए मेरा ख़याल है कि जिस शह्र की इमारतों में गुंबद या मीनार इस क़िस्म की चीज़ें न हों वो शह्र ऊपर से सपाट मालूम होगा। आसमान के उफ़क़ पर शह्र की जो लकीर बनेगी वो बहुत ख़ूबसूरत होगी।"

लेसाफ़ मुस्कुरा दिया और कहने लगा, "शह्रों का हुस्न महज़ गुंबदों और मीनारों से नहीं होता। वैसे पुराने गिरजों और इबादतगाहों के गुंबद और मीनार बहुत हसीन होते हैं। मास्को के क्रेमलिन में यह हुस्न मौजूद है और हम इससे नावाक़िफ़ नहीं हैं। लेकिन जदीद शह्र का हुस्न भी जदीद होगा। वो बाज़ औक़ात अजनबी इसलिए भी मालूम होता है कि पुराने शह्रों का हुस्न तज़ाद पर बना है। बड़ी-बड़ी ख़ूबसूरत इमारतों के पास टूटे-फूटे मकानात और छोटे-छोटे झोंपड़े भी मिल जाते हैं। इस तज़ाद में एक ख़ास क़िस्म का हुस्न महसूस होता है। ज़ाहिर है कि ग़ैर-तबक़ाती समाज के नए शह्रों में यह हुस्न नहीं हो सकता।"

चलते वक़्त मुझसे लेसाफ़ ने कहा कि "दस-पंद्रह बरस बाद स्तालिनग्राद देखने के काबिल होगा।"

अब इस शह्र की ज़ियारत ख़त्म हो चुकी थी। मेरा दिल एहसासात और तसव्वुरात से भरा हुआ था। मुझे ऐसा लग रहा था, जैसे स्तालिनग्राद अहदे-जदीद की देन है, जो ख़ून के समंदर से बाहर निकली है। हिंदुस्तान के क़दीम अहद में जब देवताओं ने और राक्षसों ने अपनी लड़ाई में समंदर को मथा तो उसमें से अमृत भी निकला था और ज़हर भी। यह ज़हर सारी दुनिया को तबाह कर देता लेकिन शिव ने इसे पी लिया। दूसरी जंगे-अज़ीम में यह ज़हर स्तालिनग्राद ने पिया। यह नए अहद का शिव है, तीन सरों का देवता जिसने बदी को क़त्ल किया, नेकी की तख़लीक़ की और अब अमन का मुहाफ़िज़ है। यह एक नग़्मा है जो पत्थर, लोहे और पानी से पैदा हो रहा है। इस नग्मे में दरख़्तों के साज़ और हवाओं के गीतों की आमेज़िश है। रोटियाँ महक रही हैं। बच्चों के चेहरे गुलाबों की तरह खिले हुए हैं। स्कूल शहद की मक्खियों के हुजूम की तरह गुनगुना रहे हैं। बूढ़े वोल्गा का दिल धड़क रहा है।

जब मैं इस तामीर होते हुए ख़राबे को ख़ुदा हाफ़िज़ कहकर हवाई अड्डे पर अपने मेहरबान और गरमदिल मेजबानों से रुख़सत हो रहा था तो मोटर ड्राइवर ने अपने जेब से काग़ज़ की एक बड़ी-सी पुड़िया निकाली और मेरे हाथ में दे दी। उसमें बम और शेल के जले हुए फ़ौलादी टुकड़े थे जो मुझे एमा ने मिमाइफ़ की पहाड़ी

से उठाकर दिए थे।

मैंने उन्हें देखकर पूछा, "इसके जर्मन टुकड़े कौन-से हैं और सोवियत टुकड़े कौन-से?"

ड्राइवर ने सर हिलाकर कहा, "अब इनको नहीं पहचाना जा सकता।"

क़राक़ुम के रेगिस्तानों से आनेवाली तेज़ हवा के झोंके अपने सारे जाहो-जलाल के साथ हवाई अड्डे पर नाच रहे थे। जहाज़ ने अपने पर इस हवा की बुलंदी पर फैला दिए। वह कई बार ऊपर-नीचे हुआ और फिर बड़ी आसानी से उड़ने लगा। मेरी आँखें आहिस्ता-आहिस्ता बंद हो गईं। जहाज़ की आवाज़ हलकी होते-होते बिलकुल डूब गई।

एक सन्नाटा, और फिर सारी फ़िज़ा नग़्मों से गूँज उठी। घास के वसी मैदानों में हद्दे-नज़र तक गेहूँ का सोना फैला हुआ था। और इस सुनहरे समंदर में हज़ारों ट्रैक्टर नाच रहे थे और उनका फ़ौलाद कह रहा था कि जब टैंक बनते हैं तो वो आपस में टकराते हैं लेकिन जब ट्रैक्टर बनते हैं तो वो मिलकर नाचते हैं। यहाँ आकर जर्मन फ़ौलाद और सोवियत फ़ौलाद एक हो जाता है। ट्रैक्टर नाच रहे थे और उनके साथ एमा, ओकसाना, मार्ग्रेता और गाला भी नाच रही थीं, और यूरी गा रहा था। सूरज, चाँद और सितारें नीचे उतर रहे थे और गेहूँ के खेतों के चारों तरफ़ हलक़ा बाँधे नाच रहे थे। गाला ने हाथ बढ़ाकर एक सितारे को पकड़ लिया और अपनी पेशानी पर लगा लिया, एक ट्रैक्टर से एक नौजवान उतरा और उसने दूसरा सितारा लेकर गाला की ठोड़ी पर लगा दिया, चाँद उन दोनों के गिर्द घूमने लगा, गाला और नौजवान एक-दूसरे का हाथ पकड़कर चाँद पर बैठ गए, तारे नाचते रहे, ट्रैक्टर नाचता रहा, एमा, ओकसाना और मार्ग्रेता नाचती रहीं। यूरी गीत गाता रहा और चाँद गाला को उसके नौजवान दोस्त के साथ अपनी हथेली पर बिठाकर ऊँचा हो गया, सूरज ज़मीन पर बैठ गया। और अपनी हँसती हुई निगाहों से ऊपर उठते हुए चाँद को देखता रहा। गाला ने वहाँ से पुकारकर कहा, "ज़मीन बड़ी ख़ूबसूरत नज़र आ रही है। यह स्तालिनग्राद है, वह देहली, वह पीकिंग, वह शीराज़, वह पेरिस, वह लंदन, और वह देखो मास्को है।"

ओकसाना मेरा शाना पकड़कर हिला रही थी, "वह देखो मास्को है।"

जहाज़ हवाई अड्डे पर उतर रहा था। मुझे ऐसा महसूस हुआ जैसे मैं चाँद के सफ़र से वापस आया हूँ।

[सन् 1955]

नोट : स्तालिनग्राद का नाम अब तब्दील करके वोल्गोग्राद रख दिया गया है।

गर्दिशे-पैमान-ए-रंग

बख़्याले-चश्मे के मी ज़नद क़ुदहे जुनूने दिले-तंगे-मा
कि हज़ार मैकदा मी दवद ब रकाबे-गर्दिशे-रंगे-मा

—बेदिल

ग़ालिब ने एक फ़ारसी शेर में कहा है कि ख़िज़ाँ और बहार की इससे ज़्यादा कोई हक़ीक़त नहीं कि एक पैमान-ए-रंग मुसलसल गर्दिश कर रहा है, उसका एक रंग बहार है, और दूसरा ख़िज़ाँ। यह मुसलसल गर्दिश-वक़्त का क़दीमतरीन तसव्वुर है, कायनात का उसूले-अव्वल यानी अपार और अथाह पानी (आब आब रोमी) में तैरते हुए शेषनाग पर लेटा हुआ क़ादिरे-मुतलक़ विष्णु अपनी शक्ति, अपनी माया को बार-बार जन्म देता है। संसार फलता-फूलता है, बिगड़ता है, उजड़ता है और फिर विष्णु के वुजूद के अंदर ख़्वाब बनकर महव हो जाता है, और फिर जन्म ले लेता है। यह चक्कर अज़ल से चल रहा है जिसकी कोई इब्तिदा नहीं, और अबद तक चलेगा जिसकी कोई इंतिहा नहीं—

न हद उसके पीछे न हद सामने
अज़ल उसके पीछे अबद सामने

लेकिन इनसान जो अज़ली बच्चा है इन गुरेज़ाँ रंगों के पीछे उसी तरह दौड़ता है, जिस तरह तितलियों के पीछे बच्चे भागते हैं। इस जज़्बे की तर्जुमानी मसहफ़ी ने अपने एक ख़ूबसूरत शेर में क़ाफ़िला-ए-बहार को पकड़ लेने की तिफ़लाना और मासूमाना ख़्वाहिश के साथ की है—

चली भी जा जरसे-गुंचा की सदा पे नसीम
कहीं तो क़ाफ़िल - ए - नौबहार ठहरेगा

लेकिन क़ाफ़िला-ए-बहार ठहरने वाली चीज़ नहीं। उसका सारा रंग, सारी निकहतें, जुम्बिश और गुरेज़ की रहीने-मिन्नत है। इसीलिए मीर तक़ी मीर ने इसको पकड़ने के बजाय इस क़ाफ़िले के हुजूम में गुम हो जाने का अरमान किया है—

बू-ए-गुल-ओ-रंगे गुल होते हैं हवा दोनों
क्या क़ाफ़िला जाता है, जो तू भी चला चाहे

ब-रंगे-बू-ए-गुल इस बाग़ के हम आशना होते
कि हमराहे-सबा टुक सैर करते और हवा होते

और अंग्रेज़ी के जवाना-मर्ग रूमानी शायर कीट्स ने तो मर मिटने की दावत दी है। एक ख़त में लिखा है कि जब शहद की मक्खी फूलों का रस चूस लेती है तो आनेवाली बहार में पंखड़ियों का रंग और ज़्यादा शोख़ हो जाता है।

ये गर्दिशे-पैमान-ए-रंग अदब और तहज़ीब की दुनिया में भी जारी है। फ़िक्र और ख़याल के दामन पर बिखरे बेलबूटे एक बहार के रंग को दूसरी बहार के रंग से मिला देते हैं। इस हक़ीक़त को नज़रअंदाज़ कर देने से वो तफ़रीक़ पैदा होती है जो इनसानी नस्लों को रंगों और जुग़राफ़ियाई सरहदों में तक़सीम करके असीर कर देती है। जब ये हदें मुहब्बत से नहीं तोड़ी जातीं तो नफ़रत से तोड़ी जाती हैं, और जंग और मौत और ग़ारतगरी सबका ख़ून बहा देती है, और ज़मीन अपने मेहरबान सीने में हर खून को जज़्ब कर लेती है।

दूसरी जंगे-अज़ीम में हिटलर और मुसोलेनी की फ़ाशिस्ट फ़ौजों ने सारे यूरोप को रौंद डाला, उनके फ़ौजी बूटों की डरावनी आवाज़ सारी दुनिया में सुनाई दे रही थी। इस क़त्ल व ग़ारतगरी में इनसानी फ़िक्र और तहज़ीब की बेशुमार क़दरें ख़ून में नहा गई, अनगिनत शायर और अदीब, मेयार और फ़नकार मौत के घाट उतरे। शहीद होनेवालों में बलग़ारिया का नौउम्र शायर वाप्त सारिफ़ भी था जो नाज़ियों की आर्याई बरतरी और ज़र्मन इक़्तदार के बुहीमाना तसव्वुर का दुश्मन था, आख़िर को इनसानी तसव्वुर की जीत हुई और बलग़ारिया में इश्तराकी हुकूमत क़ायम हो गई। अगर वाप्त सारिफ़ ज़िंदा रहता तो सन् 1959 में उसकी उम्र पचास साल की होती।

जश्न के मौक़े पर तक़रीर करते हुए मुझे बेसाख़्ता इक़बाल का फ़ारसी क़ता याद आ गया जो सारिफ़ की मौत के लिए मौज़ूँ था—

सेहर मी गुफ़्त बुलबुल बाग़बाँ रा
दरीं गुल जुज़ निहाले ग़म न गीरद
ब पीरी मी रसद ख़ारे-बयाबाँ
वले गुल चूँ जवाँ गर्दद बमीरद

(तर्जुमा : एक सुबह बुलबुल ने बाग़बान से कहा कि इस ज़मीन में ग़म के पौधे के सिवा और कोई पौधा जड़ नहीं पकड़ता, जंगल का काँटा आहिस्ता-आहिस्ता बूढ़ा हो जाता है, लेकिन फूल जैसे ही जवान होता है कुम्हला जाता है।)

जश्न के दो-तीन दिन बाद एक दावत के मौक़े पर बलग़ारिया के एक बूढ़े शायर लामार ने एक तवील नज़्म सुनाई जो उसने इक़बाल के इस क़ते से मुतास्सिर होकर कही थी। इस नज़्म को सुनकर मेरी आँखों के सामने से सदियों के हिजाबात उठ गए। और मैंने महसूस किया जैसे मैं बयक-वक़्त क़दीम यूनान, ईरान, जर्मनी, हिंदुस्तान सबकी सैर कर रहा हूँ और मेरे चारों तरफ़ शेर व नग़्मे के आबशार गुनगुना रहे हैं।

दो-ढाई हज़ार साल पहले मक़दूनिया के उसी इलाक़े से जिसके एक शहर बास्को में वाप्त सारिफ़ पैदा हुआ था, एक फ़ातिह उठा था और उसका नाम सिकंदरे-आज़म था, अरस्तू उसका उस्ताद और अतालीक़ था। यह तूफ़ान ईरान और अफ़ग़ानिस्तान से गुज़रता हुआ दरिया-ए-सिंध के साहिलों से टकराया, हिंदुस्तान में पोरस की शिकस्त हुई। चंद्रगुप्त मौर्य के दरबार में यूनानी लड़कियाँ साड़ियों में लिपटी हुई नज़र आईं, ईरान में सिकंदर ने नौशाबा से मुहब्बत की, गंधार में गौतम बुद्ध का पहला मुजस्सिमा बनाया गया, जिसका चेहरा यूनानी देवता अपोलो की शक्ल का था, बुद्ध का लफ़्ज़ जो ज्ञान और इरफ़ान के हममानी था, बुत में तब्दील हो गया और फ़ारसी ज़ुबान में मुजस्सिमे और माशूक़ के मानों में इस्तेमाल होने लगा और फिर ईरान से हिंदुस्तान में एक अजनबी लफ़्ज़ बनकर दाख़िल हुआ और उर्दू ज़ुबान और शायरी में घुल-मिलकर हमारी ज़ुबान का लफ़्ज़ बन गया।

इसी यूनान से इल्म और फ़लसफे के धारे भी बहे और मशरिक़ और मग़रिब की सरज़मीनों को सैराब करते रहे। लेकिन नौअफ़लातूनी अहद तक पहुँचते-पहुँचते उनमें बाबुल और नेवा की तहज़ीबी अक़दार और इब्रानी पैग़म्बरों की आवाज़ें शामिल हो चुकी थीं, जो मक़ामी, नस्ली और शहरी रियासतों के हुदूद में असीर देवताओं के बजाय एक अनदेखे ख़ुदा-ए-वाहिद के नाम पर एक वसीअतर इनसानी बिरादरी का तसव्वुर पहली बार पेश कर रहे थे। अब सूरत के तन्नूओ और मानी की वहदत के तज़ाद को फ़लसफ़ियाना सतह पर समझने की कोशिश की जा रही थी। हिंदुस्तान से वेदांत और उपनिषद की हवाएँ चल रही थीं और मशरिक़ क़रीब के इलाक़ों से मसीही तसव्वुरात का नूर फैल रहा था। इस्कंदरिया के बाज़ारों में मशरिक़ और मग़रिब के माल का तबादला हो रहा था और वहाँ की दानिशगाहों में यूनानी और मसीही तालीमात एक-दूसरे के शानों से शाना रगड़ रही थीं। ईरान में नौशेरवाँ के दरबार में ज़रतुश्ती तसव्वुरात के साथ-साथ नौअफ़लातूनी तसव्वुरात भी बार पा रहे थे, और फिर मशरिक़े-वस्ता में गौतम बुद्ध की मुहब्बत भरी आवाज़ गूँज रही थी और वहाँ के विहारों में मुहब्बत, मुक्ति और निर्वाण के नए अक़ीदे इनसानियत के दर्द और दुख के समझने और ज़ख़्मों पर मरहम रखने की कोशिश कर रहे थे। तसव्वुरात, ख़यालात और अक़ायद इस तरह घुल मिल रहे थे जैसे मुख़्तलिफ़ दरियाओं का पानी समंदर में डूब जाता है। मुतज़ाद सिम्तों से चलनेवाली हवाएँ आपस में हमआग़ोश

हो जाती हैं।

बहारों का सफ़र जारी है। पैमान-ए-रंग गर्दिश कर रहा है।

अरब के रेगज़ारों से हिदायत का एक नया चश्मा फूटा, जिसने बिला तफ़रीक़ हब्श के बिलाल और फ़ारस के सलमान और अरब के अबू ज़र ग़फ़्फ़ारी की प्यास बुझाई, लेकिन बहुत जल्द वहाँ की सूखी हुई रेत और ख़ुश्क हवाओं ने उस आबे-जलाल को जज़्ब करना शुरू कर दिया। और पैग़ंबरे-इस्लाम की वफ़ात के तीस साल के अंदर इख़्तिलाफ़ात पैदा हो गए। वह जो रहमत और शफ़क़त बनकर आया था, उसके नाम पर मिस्र से लेकर ईरान और दरिया-ए-सिंध के साहिलों तक फ़ौजी फ़तूहात का सिलसिला शुरू हो गया। पानी और ज़मीन पर इनफ़रादी क़ब्ज़ा शुरू हो गया, और इस्लामी दुनिया मुकम्मल जागीरदाराना निज़ाम में तब्दील हो गई, और जागीरदारी शहंशाहियत ने ख़िलाफ़त का ताज सर पर रख लिया। अब बक़ौल इक़बाल के शाम और बग़दाद की शौकत एक तरफ़ थी और साहिले-फ़रात पर बहत्तर पाक रूहों की शहादत दूसरी तरफ़—

ईं दो क़ुव्वते-अज-हयात आमद पदीद
मूसी-ओ-फिरऔन-ओ-शिजरो-यजीद

अरब के फ़ातिहीन मशरिक़ और मग़रिब के मुमालिक को फ़तह कर रहे थे, लेकिन मशरिक़ व मग़रिब के उलूम और फ़लसफ़े अरबों को शिकस्त दे रहे थे, ईरान में ग़ुलामों, किसानों और दस्तकारों की बग़ावतें हो रही थीं और बग़दाद के अरबी दरबार में ईरानी उमरा का इक़्तदार बढ़ रहा था, अब्बासी ख़ुलफ़ा की सरपरस्ती में यूनानी उलूम और फ़लसफ़े की किताबों के तर्जुमे हो रहे थे। अफ़लातून और अरस्तू के नाम अरबी अंदाज़ इख़्तियार कर रहे थे। और उनकी सल्तनत के गोशे-गोशे से इख़्वानुस्सफ़ा और मोतज़िला अक़्लपरस्ती और ज़ेहनी वुसअत का पैग़ाम दे रहे थे।

अरब इक़्तदार की जागीरदारी गिरफ़्त जितनी सख़्त होती जाती थी, ईरानी दानिशवरों और शायरों की आवाज़ें उतनी ही बुलंद होती जा रही थीं। फ़िरदौसी, नासिर, ख़ुसरो और उमर ख़ैयाम की शायराना नवासंजी जागीरदारी फ़िक्र के मुस्तहकम निज़ाम में शिगाफ़ डाल रही थी और अबू अली सीना की फ़िक्र एक नए निज़ामे-हयात की बशारत लिए हुई थी। अब ईरान का ख़ित्ता एक मैख़ाना था, जिसमें एक तरफ़ से वेदांत अपनी शुद और बौद्ध तसव्वुरात का आबे-हयात और ज़रतुश्ती और मज़ूकी शराब में मिल जाने के बाद दो-आतिशा सह-आतिशा तैयार हो रहा था। इस्लाम कई हिस्सों में बँट गया था, लेकिन उसके अहमतरीन हिस्से दो थे। एक सरकारी और साहिबे-इक़्तदार तबक़े का इस्लाम था, और दूसरा अवाम का इस्लाम। एक शरीअत था और दूसरा तरीक़त। एक मज़हब था और दूसरा तसव्वुफ़। एक ज़ाहिरी मज़हब था और दूसरा बातिनी। जागीरदारी फ़िक्री निज़ाम पर यह सबसे बड़ा हमला था जो

12वीं सदी से लेकर 16वीं सदी तक दुनिया के एक सिरे से दूसरे सिरे तक मुख़्तलिफ़ नामों, मुख़्तलिफ़ शक्लों और मुख़्तलिफ़ लिबासों में फैला हुआ था। कहीं उसका नाम मिस्टीसिज़्म था, कहीं तसव्वुफ़, कहीं भक्ति, कहीं ची.एन. और कहीं ज़ेन। उसका ज़ाहिरी लिबास मज़हबी था लेकिन अंदरूनी और दाख़िली हक़ीक़त इंक़लाबी और बाग़ियाना।

तसव्वुफ़ क़ुरूने-वस्ता में इनसानी दोस्ती की अज़ीमतरीन तहरीक की शक्ल में उभरा था, जिसने रक़्स, सरोद और शायरी को हरबा बना दिया था और इश्क़, मुहब्बत, गुनाह और मस्ती को रूहानी अंदाज़ दे दिया था। उसका सबसे बड़ा हमला उन अहलकारों पर था जिन्हें 'सादी' ने शिमजदिउल-लजोशन और यज़ीद से तशबीह दी है। उनमें मज़हबी अहलकार भी थे जो ख़ुदा और बंदे के दर्मियान हायल थे, और सरकारी अहलकार भी थे जो जागीरदारी रियासत को चलाते थे, और बादशाह और रिआया के दर्मियान हायल थे। और चूँकि रियासत और कलीसा एक-दूसरे के हामी थे इसलिए मज़हबी अहलकार और सरकारी अहलकार कभी एक भी हो जाते थे। सरकारी मज़हब का ख़ुदा क़हहार और ज़ब्बार था और सूफ़ियों का ख़ुदा इनसानों के उयूब छुपानेवाला, रहीम व करीम, शफ़क़त करनेवाला—इसलिए सूफ़ी अनलहक़ कहने की भी हिम्मत कर लेता था, चाहे उसे दार ही पर क्यों न खैंच दिया जाए।

मौला जलालुद्दीन रूमी ने एक बड़ा दिलचस्प नुक्ता पैदा किया है और वो यह कि अनलहक़ इंकसार की आख़िरी मंज़िल है, जिस तरह शहद में डूबी हुई मक्खी हिल नहीं सकती उसी तरह आलमे-इस्तग़राक़ में कोई सूफ़ी अनल बुअद (मैं बंदा हूँ) नहीं कह सकता क्योंकि अनल बुअद कहने में दुई है—एक ख़ुदा और एक बंदा—और यह ग़ुरूर की मंज़िल है। ख़ुदा के वुजूद के सामने अपने वुजूद का ऐलान है, लेकिन अनलहक़ कहने में 'मैं' का वुजूद बाक़ी नहीं रहता। सिर्फ वहदत ही वहदत है। ('मस्नवी' का अंग्रेज़ी तर्जुमा, अज निकल्सन, ज-7)

ज़ाहिर है कि इस मंज़िल में किसी सिफ़ारिश करनेवाले मौलवी की ज़रूरत नहीं है। इसी इस्तआरे को ज़रा और फैला दिया जाए तो रियाआ ही बादशाह है और सरकारी अहलकार फ़िज़ूल और बेमानी जो सिर्फ़ रिआया को लूटते हैं और बादशाह के नाम पर ज़ुल्म-जब्र करते हैं।

इस मुकाम पर रंग, नस्ल, मज़हब, मिल्लत हर तरह की तक़सीम खत्म हो जाती है, और सिर्फ़ इनसानियत बाक़ी रहती है जिसकी आख़िरी मेराज अनलहक़ है।

इनसानियत का यह अज़ीमुश्शान तसव्वुर सूफ़ी अफ़कार के ज़रिये से एक नए आफ़ताब का नूर बनकर ईरान के अज़ीम शोअरा की शायरी में जलवागर हुआ और इसका अक़्स सादी और हाफ़िज़ की शायरी पर पड़ रहा है जिसमें इश्क़, गुनाह और मस्ती की अज़्मत है और हुस्न की हमागीरी। यहाँ गुनाह दुनिया को बरतने का एक

पर्दा है, उसी गुनाह ने आदम को नेकी और बदी के तसव्वुर से आशना किया था और बहिश्त से निकालकर ज़मीन पर ख़िलाफ़त क़ायम की थी, ये मसलहते-ख़ुदाबंदी थी। इश्क़ इनसानों के एहतराम का एक ज़रिया है जिसमें दो ज़िदों की वहदत मैं और तू के फ़र्क़ को मिटा देती है। ख़ुदा तो दिखाई नहीं देता, इसलिए मुहब्बत का दावा करनेवाले अगर दिखाई देनेवाले इनसान से मुहब्बत नहीं कर सकते तो मक्कारी के सिवा और किस चीज़ के मुर्तकिब होंगे और मस्ती जो जागीरदारी अहद की ओवेज़िशों से बचने का एक बहाना भी है, एहसासे-हुस्न के सिवा हर चीज़ से बेनियाज़ी का नाम है। यही वजह है कि क़ाज़ी और मोहतसिब, मुल्ला और मुफ़्ती पर फ़ब्तियाँ कसनेवाला हाफ़िज़ इतना ख़ुशनवा है।

हाफ़िज़ की ख़ूबसूरत ग़ज़लों ने पाँच-छः सौ साल में ईरान के साथ-साथ सारी दुनिया का दिल मोह लिया, उसकी शायरी आज भी हवा के झोंकों के साथ महवे-सफ़र है। 19वीं सदी के इब्तिदाई ज़माने में जब फाल हेमर ने 1812 में दीवाने-हाफ़िज़ का तर्जुमा जर्मन ज़ुबान में शाया किया तो जर्मन अदबियात में मशरिक़ी तहरीक का आग़ाज़ हुआ और जर्मन ज़ुबान का सबसे बड़ा शायर गोयटे हाफ़िज़ का गिरवीदा हो गया और उसने अपनी नज़्मों का एक मजमूआ "मग़रिबी दीवान" के नाम से शाया किया। इक़बाल के अल्फ़ाज़ में "यह वह ज़माना था जबकि जर्मन क़ौम का इंहतात हर पहलू से इंतिहा तक पहुँच चुका था, मुल्क की सियासी तहरीकों में अमली हिस्सा लेने के लिए गोयटे की फ़ितरत मौज़ूँ न थी और यूरोप की आम हंगामा-आराइयों से बेज़ार होकर उसकी बेताब और बुलंदपरवाज़ रूह ने मशरिक़ी फ़िज़ा के अम्न व सुकून में अपने लिए एक नशेमन तलाश कर लिया, हाफ़िज़ के तरन्नुम ने उसके तख़य्युलात में एक हैजाने-अज़ीम बरपा कर दिया जिसने आख़िरकार मग़रिबी दीवान की एक पायेदार और मुस्तक़िल सूरत इख़्तियार कर ली।"

इक़बाल ने इस सिलसिले में गोयटे के मशहूर सवानह-निगार बेलशोश्की का एक इक़्तिबास भी नक़ल किया है :

"बुलबुले-शीराज़ की नग़्मापरदाज़ियों में गोयटे को अपनी ही तस्वीर नज़र आती थी, उसको कभी-कभी यह एहसासन भी होता था कि शायद मेरी रूह ही हाफ़िज़ के पैकर में रहकर मशरिक़ की सरज़मीन पर ज़िंदगी बसर कर चुकी है। वही ज़मीनी मुसर्रत, वही आसमानी मुहब्बत, वही सादगी, वही अमक़, वही जोश व हरारत, वही वुसअते-मशरब, वही कुशादा-दिली और वही क़ैद व रसूम से आज़ादी। ग़रज़ कि हर बात में हम उसे हाफ़िज़ की मिस्ल पाते हैं। जिस तरह हाफ़िज़ लिसानुल-गैब और तर्जुमाने-असरार है, उसी तरह गोयटे भी है और जिस तरह हाफ़िज़ के बज़ाहिर सादा अल्फ़ाज़ में एक ज़हाने मानी आबाद है उसी तरह गोयटे के बेसाख़्तापन में भी हक़ायक़ व असरार जलवा-अफ़रोज़ है। दोनों ने अमीर व ग़रीब से ख़िराजे-तहसीन वसूल किया, दोनों ने अपने-अपने वक़्त के अज़ीमुश्शान फ़ातिहों को अपनी शख़्सियत

से मुतास्सिर किया (यानी हाफ़िज़ ने तैमूर को और गोयटे ने नेपोलियन को) और दोनों आम तबाही और बरबादी के ज़माने में तबीयत के अंदरूनी इत्मीनान व सुकून को महफ़ूज़ रखकर अपनी क़दीम तरन्नुमरेज़ी जारी रखने में कामयाब रहे (दीबाचा 'पयामे-मशरिक़')।

और गोयटे के सौ बरस बाद हिंदुस्तान और पाकिस्तान के अज़ीम शायर इक़बाल ने उसके जवाब में अपनी मशहूर फ़ारसी किताब 'पयामे-मशरिक़' लिखी, जिस पर हाफ़िज़ और गोयटे दोनों का भरपूर असर है। और इक़बाल ने उस किताब के ज़रिये से दुनिया को अमन व मुहब्बत का ख़ूबसूरत पयाम दिया। अहम बात ये नहीं है कि इक़बाल ने अपनी इस किताब में हाफ़िज़ की ज़मीनों में ग़ज़लें कहीं हैं और गोयटे की बाज़ नज़्मों के तरजुमे किए हैं, बल्कि ज़्यादा अहम बात यह है कि शायरी मुल्कों की जुग़राफ़ियाई सरहदों को तोड़ देती है और पहाड़ों, रेगिस्तानों और दरियाओं को पार करके इनसानी अक़दार से एक मुहब्बत भरी दुनिया बनती है जो वक़्ती हुकूमतों और उनके क़वानीन से बालातर होती है।

हालाँकि इक़बाल ने अजमी तसव्वुफ़ की तमाम उम्र मुख़ालफ़त की और एक वक़्त ऐसा भी आया जब ख़ुद हाफ़िज़ के ख़िलाफ़ एक नज़्म लिख दी, लेकिन ईरानी तसव्वुफ़ ने मुहब्बत और इनसानियत की जो हसीन क़दरें दी थीं उन्हें इक़बाल को क़बूल करना पड़ा और ये जवाहरात इक़बाल के पूरे कलाम में बिखरे हुए हैं।

हाफ़िज़ का ईरान मुक़ामी ख़ानाजंगियों और तैमूरी यलग़ारों की आमाजगाह था और गोयटे के यूरोप में नेपोलियन की फ़ौजें कूच कर रही थीं और इक़बाल की दुनिया पहली जंगे-अज़ीम की तबाहकारियों और सरमायादारी शहंशाहियत के जब्रो-तशद्दुद का शिकार थी। "गोयटे के 'मग़रिबी दीवान' से 'पयामे-मशरिक़' की तहरीक कैसे हुई उसके मुतअल्लिक़ इक़बाल ने जो लिखा है कि सौ साल पेशतर के जर्मनी और मशरिक़ की मौजूदा हालत में कुछ न कुछ ममासिलत ज़रूर है लेकिन हक़ीक़त यह है कि अक़वामे-आलम का बातनी इज़्तराब जिसकी अहमियत का सही अंदाज़ा हम महज़ इसलिए नहीं लगा सकते कि ख़ुद इस इज़्तराब से मुतास्सिर है, एक बहुत बड़े रूहानी और तमद्दुनी इंक़लाब का पेशख़ेमा है। यूरोप की जंगे-अंज़ीम एक क़यामत थी जिसने पुरानी दुनिया के निज़ाम को क़रीबन हर पहलू से फ़ना कर दिया है और अब तहज़ीब व तमद्दुन की ख़ाकस्तर से फ़ितरत ज़िंदगी की गहराइयों में एक नया आदम और उसके रहने के लिए एक नई दुनिया तामीर कर रही है।"

इस नई दुनिया पर इक़बाल की नज़र ज़रूर पड़ी जो इश्तराकी इंक़लाब (सन् 1917) की शक्ल में ज़हूरपज़ीर हुई थी, लेकिन अजमी तसव्वुफ़ की तरह उसकी भी बाज़ ख़ूबसूरत अक़दार को क़ुबूल कर लेने के बावजूद इक़बाल का ज़ेहन उसकी हक़ीक़ी अहमियत का अंदाज़ा नहीं कर सका। पैमान-ए-रंग की इस गर्दिश में बहार

के साथ ख़िज़ाँ के रंगों की आमेज़िश कितनी दिलचस्प है!

इक़बाल की निगाह आफ़ाक़गीर थी, इसलिए 'पयामे-मशरिक़' में हंगामी मौज़ुआत की आलूदगी नहीं है, लेकिन माज़ी और मुस्तक़बिल की ख़बर सिर्फ़ आज का गुरेज़ाँ लम्हा ही देता है। इसलिए लम्हात की परछाइयों से बचना इक़बाल के लिए मुमकिन नहीं था और 'पयामे-मशरिक' में हंगामी हालात का अक्स देखा जा सकता है जिसमें सबसे ज़्यादा अहम पहली जंगे-अज़ीम की तबाहकारी, बर्तानवी शहंशाहियत, इंक़लाबे-रूस और हिंदुस्तान की सियासी बेदारी थी, नज़्मों के अलावा बाज़ क़तआत से भी इस आग का सुराग मिलता है जो हमारे मुल्क और क़ौम के सीने में दहक रही थी।

गाँधीजी से इक़बाल को बहुत ज़्यादा दिलचस्पी नहीं थी लेकिन फिर भी जब एक बर्तानियापरस्त अख़बार ने एक कार्टून शाया किया कि गाँधीजी भारत माता को जिसकी आँखों पर पट्टी बँधी हुई है, एक तूफ़ानज़दा समंदर में लेकर कूदने वाले हैं तो इक़बाल ने कलम उठाकर उसके नीचे ये मिसरे लिख दिए और कार्टून का मफ़हूम बदल गया और मौत ज़िंदगी में तब्दील हो गई—

मयारा बज़्म बर साहिल कि आँजा
नवा - ए - ज़िंदगानी नर्म - खेज़स्त
ब दरिया ग़ल्त-ओ-बामौजश दरावेज़
हयाते-जाविदाँ अंदर सतेज़स्त

'पयामे-मशरिक़' में इस वाक़िया का कोई ज़िक्र नहीं है लेकिन ये क़ता मौजूद है और इस वाक़िया से अलग भी अपनी मानवी वुसअत और हमागीरी से महरूम नहीं है।

क्या अजब है कि तहरीके-आज़ादी के नौउम्र मुजाहिदों ने भी इक़बाल को मुतास्सिर किया हो (जलियाँवाला बाग़ पर दो मिसरों में इक़बाल के आँसू टपके थे) और 'पयामे-मशरिक़' में ऐसे क़तआत और अशआर की कमी नहीं है, जिनका इतलाक़ हिंदुस्तान और हिंदुस्तान के बाहर आज के अहद के बातनी इज़्तराब से पैदा होनेवाले बहुत-से तूफ़ानों पर हो सकता है, और इसीलिए उसमें एक ऐसा क़ता भी निकल आया जो 32-33 साल की नौउम्री में शहीद होनेवाले वाप्त सारिफ़ पर सादिक़ आ गया। इस जवाना-मर्ग शायर को इससे बेहतर ख़िराजे-अक़ीदत मैं और क्या पेश कर सकता था—

सेहर मी गुफ़्त बुलबुले-बागबाँ रा
दरीं गुले-जुज़ निहाले ग़म न गीरद
ब पीरी मी रसद ख़ारे-बयाबाँ
वले गुल चूँ जवाँ गर्दद बमीरद

और जब लामार उससे मुतास्सिर होकर अपनी तवील नज़्म पढ़ी तो मैंने देखा कि उस महफ़िल में एक यूनानी शायर भी मौजूद है और मैंने उससे मुख़ातिब होकर कहा कि यूनानी फ़िक्र ने ईरान और हाफ़िज़ को मुतास्सिर किया, हाफ़िज़ ने गोयटे को अपना गिरवीदा बनाया, गोयटे ने इक़बाल को नग़्मासंज कर दिया और इक़बाल के क़ते ने बलग़ारिया के लामार को इतनी हसीन नज़्म कहने पर उकसाया। बस इतनी बात बाक़ी है कि अगर यूनानी शायर भी लामार की नज़्म पर एक नज़्म कह दे तो गर्दिशे-पैमान-ए-रंग मुकम्मल हो जाएगी।

इनसानी वहदत के लिए इससे बेहतर तोहफ़ा और क्या हो सकता है!

●●●